개혁주의 복음 설교를
한글과 영어로 읽다

박헌성 목사
한영 설교집

개혁주의 복음 설교를 한글과 영어로 읽다
박헌성 목사 한영 설교집 _ 3

© 생명의말씀사 2021

2021년 3월 15일 1판 1쇄 발행

펴낸이 ㅣ 김재권
펴낸곳 ㅣ 생명의말씀사

등록 ㅣ 1962. 1. 10. No.300-1962-1
주소 ㅣ 서울시 종로구 경희궁1길 6 (03176)
전화 ㅣ 02)738-6555(본사) · 02)3159-7979(영업)
팩스 ㅣ 02)739-3824(본사) · 080-022-8585(영업)

지은이 ㅣ 박헌성

기획편집 ㅣ 유선영, 서지연
디자인 ㅣ 김혜진
인쇄 ㅣ 예원프린팅
제본 ㅣ 정문바인텍

ISBN 978-89-04-16736-4 (03230)

저작권자의 허락없이 이 책의 일부 또는 전체를
무단 복제, 전재, 발췌하면 저작권법에 의해 처벌을 받습니다.

Bilingual Gospel Sermons in Reformed Theological Foundations

개혁주의 복음 설교를 한글과 영어로 읽다

박헌성 목사
한영 설교집

3

CONTENTS

BILINGUAL
GOSPEL SERMONS
IN REFORMED
THEOLOGICAL
FOUNDATIONS

1 주님의 음성을 들으라 • 8
Hear the Voice of the Lord
시편 29편 3-11절   Psalms 29:3-11

2 사랑으로 행하라 • 46
Walk in Love
요한일서 4장 7-11절   1 John 4:7-11

3 믿음으로 승부하라 • 86
Be Victorious in Faith!
민수기 13장 30-33절   Numbers 13:30-33

4 뜻을 이루어라 • 122
Accomplish Your Goals
빌립보서 2장 12-16절   Philippians 2:12-16

5   **주님을 바라보라**   • 158
Look to the Lord

히브리서 12장 1-3절   Hebrews 12:1-3

6   **충성된 청지기가 돼라**   • 194
Be a Faithful Manager

누가복음 19장 15-26절   Luke 19:15-26

7   **감사를 찾아라**   • 230
Find Reasons to be Thankful

하박국 3장 17-18절   Habakkuk 3:17-18

8   **베들레헴이 돼라**   • 268
To be Bethlehem

미가 5장 2-4절   Micah 5:2-4

Bilingual Gospel Sermons in Reformed Theological Foundations

개혁주의 복음 설교를 한글과 영어로 읽다

1

주님의 음성을 들으라
Hear the Voice of the Lord

시편 29편 3-11절

"여호와의 소리가 물 위에 있도다 영광의 하나님이 우렛소리를 내시니 여호와는 많은 물 위에 계시도다 여호와의 소리가 힘 있음이여 여호와의 소리가 위엄차도다 여호와의 소리가 백향목을 꺾으심이여 여호와께서 레바논 백향목을 꺾어 부수시도다 그 나무를 송아지 같이 뛰게 하심이여 레바논과 시룐으로 들송아지 같이 뛰게 하시도다 여호와의 소리가 화염을 가르시도다 여호와의 소리가 광야를 진동하심이여 여호와께서 가데스 광야를 진동시키시도다 여호와의 소리가 암사슴을 낙태하게 하시고 삼림을 말갛게 벗기시니 그의 성전에서 그의 모든 것들이 말하기를 영광이라 하도다 여호와께서 홍수 때에 좌정하셨음이여 여호와께서 영원하도록 왕으로 좌정하시도다 여호와께서 자기 백성에게 힘을 주심이여 여호와께서 자기 백성에게 평강의 복을 주시리로다."

Psalms 29:3-11

The voice of the LORD is over the waters; the God of glory thunders, the LORD thunders over the mighty waters. The voice of the LORD is powerful; the voice of the LORD is majestic. The voice of the LORD breaks the cedars; the LORD breaks in pieces the cedars of Lebanon. He makes Lebanon skip like a calf, Sirion like a young wild ox. The voice of the LORD strikes with flashes of lightning. The voice of the LORD shakes the desert; the LORD shakes the Desert of Kadesh. The voice of the LORD twists the oaks and strips the forests bare. And in his temple all cry, "Glory!" The LORD sits enthroned over the flood; the LORD is enthroned as King forever. The LORD gives strength to his people; the LORD blesses his people with peace.

교육심리학에서 '러닝 채널'이라는 말이 있습니다.
There is a term called 'learning channel' in educational psychology.

인간이 배울 때 보는 채널이 있고 듣는 채널이 있으며 직접 경험하는 채널이 있다는 것입니다.
In learning, there are inputs where one can see, hear, and experience.

그중에서 듣는 채널이 제일 기본이라고 합니다.
The hearing input is the most important.

그래서 농아학교 선생님들의 말에 의하면, 농아학교에 다니는 아이들이 다 농아가 아니라고 합니다. 그들 중 일부가 처음엔 귀만 안 들렸는데 나중에 벙어리가 되었다는 것입니다.
According to teachers of a deaf-mute school, not every child who attends the school is completely deaf-mute. Many

become mute because they are deaf.

그 아이들의 90%는 발성 구조가 온전하지만, 듣지 못하고 배우지 못해서 결국 말을 못 하게 되었다는 것입니다.
90% of these children's vocal structures are intact and functional, but they cannot speak because they cannot hear themselves and have not learned how to speak while deaf.

다시 말해서 아무리 입의 구조와 입의 기능이 완전하다고 해도 듣지 못하면 말을 할 수 없다는 것입니다. 듣는 것이 그렇게 중요합니다.
In other words, regardless of their functional vocal structure, people generally cannot speak if they cannot hear. This is how essential hearing is.

사람의 신체 기능 중에서 병들어 죽어갈 때 제일 마지막까지 기능하는 것이 청력이라고 합니다. 성도는 주님의 음성을 들어야 합니다.
One's ability to hear is thought to be the last of the body's five senses to go in the dying process. It is important to hear. Believers need to hear the voice of the Lord.

기독교를 가리켜 "그 책"의 종교라고 합니다. 모든 종교는 각각 경전이 있습니다.

People call Christianity the religion of "The Book." Every religion has sacred texts.

이슬람에는 코란이 있고 유교에는 사서삼경이 있으며 불교에는 불경이 있지만,

Islam has the Koran, Confucianism has The Four Books and The Three Classics, and Buddhism has Buddhist texts.

경전과 종교와의 관계에서 보면 종교가 생긴 후에 경전이 만들어졌습니다. 그러나 우리가 믿는 기독교는 그렇지 않습니다.

However, with the aforementioned religions, usually the religion first appears, and then the sacred text is created or "found." Christianity, however, is different.

기독교가 생긴 다음에 성경이 만들어진 것이 아니라 먼저 성경이 있고 기독교가 있는 것입니다.

The Bible was not made after Christianity was founded. Rather, the Bible existed first and then Christianity followed.

그래서 "그 책"의 종교라고 하는 것입니다. "태초에 말씀이 계시니라."

This is the reason they call it the religion of "The Book." "In the beginning was the Word."

로고스, 즉 하나님의 말씀이 먼저 있고 세상과 우리가 있는 것입니다. 그 책은 하나님의 말씀으로 이루어져 있습니다.
Logos, the Word of God existed first and then the world came to being, including mankind. The Holy Bible is the inspired Word of God.

우리는 그것을 하나님께서 주신 계시라고 믿습니다. 그러므로 성경은 우리의 신앙과 행위에 대한 유일한 율법입니다.
We believe that it is the revelation of God. Therefore, the Bible is the only law and scripture to base our faith and actions.

성경은 정확 무오한 하나님의 말씀이요 생명입니다. 하나님께서는 우리를 인격적으로 대하십니다. 자연을 통해서도 말씀하시고 살아있는 역사를 통해서도 말씀하십니다.
The Bible is the inerrant Word of God. It is life. God reaches out to us personally. He speaks to us through nature and history.

오늘 우리 앞에 펼쳐지는 수많은 사건을 통해서도 분명하게 말씀하고 계시는 것입니다.
He is speaking even in the midst of all the events that occur

presently.

그리고 선지자들을 통해서도 말씀하셨고 예수 그리스도의 인격을 통해 구체적으로 나타나시어 친히 말씀하셨으며
He previously spoke to us through the prophets; He spoke personally to us through the manifestation of the person of Jesus Christ,

사도들의 선교적 죽음을 통해 말씀하셨습니다. 그리고 그것이 성경으로 기록되어 오늘 우리에게 말씀하고 계시는 것입니다.
He spoke to us through the testimony and martyrdom of the apostles. These historical events are recorded in the Bible and are still relevant to us today.

그러므로 사람은 누구나 주님의 음성을 들어야 합니다. 어떻게 해야 하나님을 잘 섬길 수 있으며 복된 삶을 살 수 있을까요?
Therefore, every person must hear the voice of the Lord. How can I serve God well and have a blessed life?

주님의 음성을 들으면 알 수 있습니다. 주님의 음성을 듣고 그 말씀에 순종할 때 삶의 변화와 기적의 역사가 일어날 줄로 믿습니다.
The answer is: everyone needs to hear the voice of the Lord.

Transformation of life and miracles happen when we listen to the voice of the Lord and obey His Word.

내 지식, 내 지혜, 내 경험으로 내가 원하는 대로 하는 것이 아니라 주님께서 지금 나에게 무엇이라고 말씀하시는지 먼저 듣고 그 말씀에 그대로 순종해야 합니다.

Instead of living life however we want, according to our own knowledge, wisdom, and experiences, we need to hear what the Lord is trying to say and obey His Word.

성경에 "믿음은 들음에서 난다"고 기록되어 있습니다. 그러므로 주님의 말씀을 잘 들으면 믿음이 생기고 믿음이 성장하는 것입니다.

The Bible says, "Faith comes from hearing." Thus, faith comes and grows when we listen to the Word.

이 세상에 사는 사람들은 누구나 문제를 가지고 있습니다. 지위 고하를 막론하고 모두 문제를 가지고 있습니다.

Everyone in this world has problems. Regardless of his or her status, everyone has problems.

종류가 다르고 정도의 차이는 있지만, 각자 다른 문제가 있는 것입니다.

There are different types and degrees of problems, but we all have them.

그러나 우리 그리스도인들은 그 문제 때문에 염려, 근심, 걱정할 것이 아니라 주님의 음성을 통해 어떤 어려운 문제가 있든 해결할 수 있습니다.

But by hearing the voice of the Lord, Christians are not concerned or anxious about their problems because they take comfort and refuge in the Lord.

적은 문제는 물론이거니와 내 힘으로 어찌할 수 없는 큰 문제가 있다고 하더라도 그것 때문에 실망하거나 낙심하고 좌절하는 일이 없어야 합니다.

No matter how small or big of a problem we have, we ought not to become disappointed, discouraged, or frustrated.

오히려 그럴 때일수록 더욱 주님의 음성을 듣고 더 은혜를 받아야 합니다. 그렇습니다. 세상의 모든 사람이 주님의 음성을 들어야 합니다.

Rather, we need to hear the voice of the Lord and receive more grace in those moments. Yes! Everyone in this world must hear the voice of the Lord,

그래야 하나님의 거룩한 뜻을 이루고 복되게 살 수 있습니다. 그럼, 어떻게 주님의 음성을 듣습니까?

so that we can fulfill God's holy will and live blessedly. So then, how does one hear the voice of the Lord?

1. 자연을 통해 들어야 합니다.
1. We need to hear through nature.

어느 날, 시편 기자가 지중해를 바라보는데 구름이 낮게 깔리더니 천둥·번개가 쳤습니다.

As the psalmist looked at the Mediterranean Sea, the clouds sunk low and there was a thunderstorm.

원래 팔레스타인에서 번개 치는 일이 적은데 갑자기 날씨가 변하면서 천둥·번개가 소리를 치는 것입니다.

It was rare to see lightning in Palestine, but the weather changed suddenly and there was a great thunderstorm.

시편 기자는 그 소리를 듣고 여호와 하나님의 위엄 있는 소리 같다고 생각하며 시를 쓰고 있는 것입니다.

After hearing the thunder, the psalmist wonders if this is the majestic voice of the Lord.

"여호와의 소리가 물 위에 있도다 영광의 하나님이 우렛소리를 내시니 … 여호와의 소리가 위엄차도다 여호와의 소리가 백향목을 꺾으심이여 …
"The voice of the LORD is over the waters. The God of glory thunders… The voice of the LORD is powerful. The voice of the LORD breaks the cedars…

여호와의 소리가 화염을 가르시도다 여호와의 소리가 광야를 진동하심이여 … 여호와의 소리가 암사슴을 낙태하게 하시고
The voice of the LORD flashes forth flames of fire. The voice of the LORD shakes the wilderness, the voice of the LORD makes the deer give birth

삼림을 말갛게 벗기시니 그의 성전에서 그의 모든 것들이 말하기를 영광이라 하도다(시 29:3-9)." 그렇습니다. 우리는 우주 만물 자연과 역사를 통해서 주님의 음성을 들어야 합니다.
and strips the forests bare, and in his temple all cry, 'Glory!'" Yes. We must listen to the voice of the Lord by observing nature and history.

유명한 역사가 아놀드 토인비는 "역사는 하나님의 계시"라고 했습니다.
The famous historian Arnold Toynbee once said, "History is

God's revelation."

인간의 역사가 인간의 생각대로 저절로 굴러가는 것처럼 보이지만, 사실은 자연과 역사 속에서 하나님께서 계속 말씀하고 계신다는 것입니다.
Though it may seem history is flowing on its own accord, the reality is that God is in control and is continuously speaking through nature and history.

믿음 있는 사람, 지혜로운 사람과 현명한 사람은 주님의 음성을 듣지만, 미련한 사람, 어리석은 사람과 믿음 없는 사람은 그 소리를 듣지 못한다고 합니다.
Those who have faith and are wise can hear the voice of the Lord while those who are stubborn, foolish, and faithless cannot.

그러므로 우리 그리스도인들은 자연과 역사를 통해 주님의 음성을 들을 수 있어야 합니다. 그래서 우리는 역사의식이 있고 사관의식이 있는 것입니다.
So Christians must be able to hear the voice of the Lord through nature and history. This is why we study history.

자연과 역사를 그저 하나의 지식으로만 아는 것은 별 의미가 없

습니다. 언제 어떤 일이 일어났으며 누가 어떻게 했는지

It is meaningless to know nature and history simply as knowledge. Knowing what happened, when it happened, and who did what;

지진이 언제 일어났고 산불이 언제 났는지 등 그런 사건을 그저 지식으로만 아는 것은 중요하지 않습니다.

when the earthquake happened, when did the mountain start burning - knowing those events simply as knowledge accomplishes nothing.

우리는 그 사건 속에서 주님께서 말씀하시는 음성을 들어야 합니다. 사사기에는 하나님께서 하시는 경고의 음성이 많이 나옵니다.

We need to hear the voice of the Lord in those cases and see what he may have to say in those instances. For example, many warnings appear in Judges.

여호와 하나님을 예배하고 순종하는 백성이 되라고 하셨습니다. 그런데 그들은 하나님을 거역하고 불순종했습니다.

People were to worship and obey God, but they rebelled against God and disobeyed Him.

그때 하나님께서는 이방인인 원수의 손을 이용해 하나님의 말씀에 불순종하는 그들을 종이 되게 합니다.
God then used their Gentile enemies to make them into slaves.

종이 된 그들은 핍박을 받은 후에 하나님을 부르며 처절하게 회개를 합니다. 그리고 하나님께서는 그 울부짖는 소리를 들으시고 자기를 거역했던 그들이지만, 긍휼히 여기시고 사랑으로 그들을 다시 구원하십니다.
Only when they were persecuted as slaves, they began to repent and started calling on God. When God heard their cries, He had mercy on them and redeemed them in love.

그런데 이런 패턴이 계속 반복됩니다. 한 번 두 번 하다가 고쳐지는 것이 아니라 수십 번 계속되는 것입니다.
But this pattern repeats continuously throughout history. It did not stop after one or two instances, but it kept repeating - over ten times.

잘못이 되풀이되는 이런 역사 속에서 하나님께서 어떻게 그들을 다루시는지를 볼 수 있습니다. 그렇습니다. 성도는 주님의 경고와 책망과 징계의 소리를 들을 줄 알아야 합니다.
This shows how God treats the Israelites through their history. That's right. Believers need to hear God's voice of warning,

reproof, and discipline.

동시에 위로와 격려, 사랑과 소망의 음성도 들어야 합니다.
At the same time, they need to hear God's voice of consolation, encouragement, love, and hope.

" … 너는 두려워하지 말라 내가 너를 구속하였고 내가 너를 지명하여 불렀나니 너는 내 것이라 네가 물 가운데로 지날 때에 내가 너와 함께 할 것이라
" … Fear not, for I have redeemed you; I have called you by name, you are mine. When you pass through the waters, I will be with you;

강을 건널 때에 물이 너를 침몰하지 못할 것이며 네가 불 가운데로 지날 때에 타지도 아니할 것이요 … (사 43:1-2)."
and through the rivers, they shall not overwhelm you; when you walk through fire you shall not be burned…"

그렇습니다. 우리가 평안할 때, 행복할 때는 주님의 음성, 주님의 말씀을 들을 귀가 없습니다.
That's right. When we are at peace, when we are happy, we do not have ears to hear the voice of the Lord or His Word.

하지만 어려움을 당하고 고난과 시련이 있을 때는 성경을 읽으면서 주님의 음성을 듣고

However, when there are hardships and trials, many people are drawn to read the Bible and hear the voice of the Lord.

위로를 받은 후에 용기를 가지고 믿음으로 결심하는 사람이 많습니다.

And as they do this, they are comforted, become courageous, and stand firm in faith.

여행해보신 분들은 잘 알겠습니다만, 호텔 방에 들어가 보면 기드온 협회에서 기증한 성경이 있습니다.

Those who have traveled know well, but when you enter the hotel room, there is a Bible donated by the Gideons.

어떤 실업가가 사업에 실패하고 호텔에 들어갔는데 불안해서 잠을 이루지 못했다고 합니다.

After failing a business, a man entered a hotel, but he could not fall asleep due to anxiety.

그러다가 성경을 발견해서 읽다가 주님의 음성을 듣고 큰 감동과 은혜를 받았습니다.

Then he found the donated Bible and began to read it and

heard the voice of the Lord. As a result, he was touched and blessed.

그로부터 이 실업가는 호텔에 성경을 놓아주기로 하고 기드온 협회라는 단체를 만들어 오늘까지 무료로 성경을 비치하고 있습니다.

From then on, the businessman decided to create a group called the Gideon Association and began to provide Bibles for free to this day.

그렇습니다. 세상에 사는 모든 사람은 주님의 음성을 들어야 합니다. 오늘도 자연과 역사를 통해서 말씀하시는 주님의 음성을 들을 수 있어야 합니다.

That's right. Every human being in the world must hear the voice of the Lord. Even today, we must be able to hear the voice of the Lord speaking through nature and history.

사랑하는 성도 여러분! 자연을 통해서 주님의 음성을 들을 수 있기를 주님의 이름으로 축원합니다.

Beloved believers! I pray in the name of the Lord that we would hear the voice of the Lord through nature.

2. 말씀을 통해서 들어야 합니다.
2. We need to hear through the Word.

예수님께서 가버나움에서 병자들을 치료하실 때 중풍 병자 한 사람을 그의 친구 넷이서 지붕을 뚫고 예수님께서 계시는 방 안에 내려놓았습니다.

When Jesus was healing sick people in Capernaum, four men removed the roof to let a paralytic down to where Jesus was.

이때 예수님께서 병자를 향해 "죄 사함을 받았으니 네 들것을 들고 가라"고 하셨습니다.

At that moment, Jesus said to the paralytic, "Your sins are forgiven. Rise, pick up your bed, and go home."

그때 그 소리를 듣고 환자는 벌떡 일어나서 걸어갔다고 했습니다. 주님의 음성을 들은 것입니다.

The paralytic heard the voice, got up and walked. He had heard the voice of the Lord.

어떤 간음한 여인이 현장에서 붙잡혀 왔습니다. 사람들이 돌을 들고 그 여인을 쳐 죽이려고 할 때 주님께서 "누구든지 죄 없는 자가 먼저 돌을 들어 이 여인을 치라"고 말씀하셨습니다.

Another woman who had been caught in adultery was also

brought to him. As people were about to stone her to death, Jesus said, "Let him who is without sin among you be the first to throw a stone at her."

이때 바리새인들과 사두개인들은 주님의 말씀을 듣고 그냥 돌아갔습니다.
The Pharisees and the Sadducees heard this and went away.

그렇습니다. 하나님께서는 말씀을 통해 "수고하고 무거운 짐 진 자들아, 다 내게로 오라, 내가 너희를 쉬게 하리라" 하시며 우리를 위로해주십니다.
That's right. God comforts us through His Word. "Come to me, all who labor and are heavy laden, and I will give you rest."

때로는 먹고 사는 문제 때문에 고민하는 사람들을 향해서 "들의 백합화를 보라, 공중에 나는 새를 보라,
To those who are worried about what to eat or drink, the Lord says, "Consider the lilies of the field. Look at the birds of the air.

들의 꽃과 새를 먹이고 입히시는 하나님이시거늘 하물며 너희일까 보냐(마 6:26-30 일부)"라고 하십니다. 그리고 이렇게 말씀하십

니다. "두려워하지 말라 내가 너와 함께 함이라 놀라지 말라 나는 네 하나님이 됨이라 내가 너를 굳세게 하리라 참으로 너를 도와주리라 … (사 41:10)."

But if God so clothes the grass of the field, will he not much more clothe you?" "Fear not, for I am with you; for I am your God; I will help you."

이 시간, 하나님의 말씀을 듣는 가운데 주님의 음성을 들을 수 있기를 축원합니다.

I pray that you would be able to hear the voice of the Lord as you hear the Word of God at this time.

그렇습니다. 성도는 말씀을 통해서 주님의 음성을 들어야 합니다. 주님의 음성을 우리가 바로 들을 수만 있다면 우리는 축복의 삶을 살 수 있습니다. 얼마든지 은혜로운 삶을 살 수 있습니다.

Yes. Believers need to hear the voice of the Lord through the Word. We can live a life of blessing if we can clearly hear the voice of the Lord. We can surely live a blessed life.

어느 날, 바울이 복음을 전하는데 나면서 한 번도 걷지 못한 앉은뱅이가 있었습니다.

As Paul was proclaiming the gospel one day, he encountered a man who was crippled from birth.

그는 하나님의 말씀을 전하는 바울을 뚫어지게 쳐다보며 들었습니다. 열심히 경청했습니다. 정말 열심히 듣고 있는 그 모습을 본 바울은

And this man heard the Word of God from Paul. He listened carefully. Paul saw the man and looked at him compassionately.

그에게 구원받을 만한 믿음이 있는 것을 보고 그에게 "일어서라" 하니 그 사람이 바로 일어나 걸었습니다.

Seeing that the crippled man had faith, Paul said, "Stand upright on your feet." Immediately, the man began walking.

이때 바울이 그 사람 안에 있는 구원받을 만한 믿음을 이야기했는데 그것은 말씀 듣는 태도를 말하는 것입니다.

When Paul speaks of this faith, he is referring to listening to the Word.

그가 과거에 얼마나 예수를 믿었는지 직분이 무엇인지를 알 수 없지만, 현재 그 말씀을 듣는 그 자세에서 믿음을 보았다는 것입니다.

Whether this person believed in Jesus in the past or what his background was unknown, but the fact that he was intently listening to Paul's preach the Word showed his faith.

자, 이 앉은뱅이는 바울이 전하는 말씀을 백 프로 받아들였습니다. 어떻게 그럴 수 있습니까?

This crippled man listened to Paul and accepted his words completely. How could this be?

어떻게 해야 하나님의 말씀을 전적으로 잘 들을 수 있습니까? 자기부정을 통해서입니다.

How can one listen to God's Word completely? It is through self-denial.

세계적인 창조과학자이며 애플사 CEO인 스티브 잡스가 췌장암으로 죽을 때 두 가지를 이야기했는데, "Stay hungry, stay foolish"입니다.

Steve Jobs, the ex-CEO of Apple, said the following as he was dying of pancreatic cancer: "Stay hungry, stay foolish."

만족하지 말고 계속 배고파하며 굶주려라, 그것이 행복이라고 말합니다. 배고픈 사람, 목마른 사람이 행복한 사람이기에 계속 배고파하며 구하라고 합니다. 간절하게 구하지 않는 사람은 불행한 사람이라는 것입니다.

Stay hungry; that is happiness. Those who stay hungry and thirsty are happy. Keep asking questions and ponder about life. Those who do not ask are unfortunate.

그렇습니다. 하나님의 말씀을 들을 때 자기를 부정하고 말씀을 들어야 기적이 나타납니다. 나면서부터 앉은뱅이여서 걸어본 적이 없는 사람에게

Yes. Miracles happen when you listen to God's Word as you deny yourself. This man was crippled from birth, and he had never walked.

바울이 "네 발로 바로 일어서라"라고 말했을 때 그는 일어섰습니다. 자기가 걷지 못하는 앉은뱅이라는 것을 말씀을 들으면서 잊어버린 것입니다.

But when Paul said, "Stand upright on your feet," the man stood up. He forgot that he was a crippled man as he listened to the Word.

만약에 "무슨 소리야! 나는 한 번도 걷지 못한 앉은뱅이야" 하며 반응했다면 못 걸었을 것입니다.

If he had said, "What is he saying? I am a crippled man who has never walked before," the man would not have been able to walk.

그러므로 오늘도 기적을 누리기를 원한다면 말씀을 듣는 우리에게도 이런 자기부정이 필요합니다. 자기부정을 언제 합니까?

Therefore, we need this kind of self-denial if we want to enjoy miracles today as we are listening to the Word. When should we deny ourselves?

말씀을 들을 때, 주님의 음성을 들을 때, 자기 과거와 경험, 그리고 자신이 못하는 것과 불가능한 것을 모두 잊어야 합니다.
When we hear the Word and listen to the voice of the Lord, we must forget about our shortcomings, our pasts, our inabilities, and simply believe in its power.

말씀에는 능력이 있기 때문에 말씀을 들을 때 잘 들어야 합니다. 마틴 루터는 "하나님의 말씀을 못 듣도록 방해하는 자가 있는데
We need to read God's word attentively because it has power. Martin Luther once said, "There is someone who hinders you from listening to God's Word.

그것은 마귀다"라고 했습니다. 그러므로 설교를 들을 때 조심해야 합니다. 정신 차려야 합니다.
That is the Devil." Therefore, we need to be careful when we listen to sermons. We need to be alert.

어떤 주교가 습관적으로 성전에 들어가 기도를 하는데 무릎을 꿇고 손을 모으고 "오, 하나님"이라고 불렀습니다.
A bishop entered a temple to pray and he knelt down and put

his hands together out of habit and said, "O, God."

그때 갑자기 "오냐, 왜 그러느냐?" 하는 소리가 들렸습니다. 이 상한 소리를 들은 주교는 깜짝 놀라서 심장마비로 죽었다는 이야기가 있습니다.

Suddenly, he heard a voice saying, "O, what is it?" The bishop was surprised when he heard this strange voice and died of a heart attack.

형식적으로 하지 말라는 것입니다. 우리는 늘 주님의 음성을 들을 준비를 하고 살아야 합니다. 사무엘이 성전에서 제사장을 돕고 있을 때 한밤중에 하나님께서 사무엘을 부르셨습니다.

Do not do things out of habit. Be ready to hear the voice of the Lord. When Samuel was helping a priest in the temple, God called Samuel one night.

"사무엘아, 사무엘아." 그 소리를 들은 그는 엘리 제사장에게 가서 "제사장님, 저를 부르셨습니까?" 하고 물었고 "아니, 나는 부르지 않았다"는 답을 들었습니다.

"Samuel, Samuel." Samuel arose and went to Eli and said, "Here I am, for you called me." But Eli said, "I did not call, my son."

잠시 후에 하나님께서 또 사무엘을 부르셨습니다. 세 번 반복해서 부르셨을 때 비로소 사무엘은 하나님의 소리로 듣고 무릎을 꿇었습니다.

After a little while, the Lord called Samuel again. The third time God called him, Samuel recognized God's voice and knelt down.

"하나님, 주의 종이 여기 있나이다. 말씀하옵소서." 그때부터 사무엘의 생애에 새로운 역사가 일어납니다.

"Speak, for your servant hears." From then on, a new work began in Samuel's life.

그렇습니다. 주님의 음성을 들어야 생활의 변화와 역사가 일어납니다.

That's right. Transformation of life and a new work happens when one hears the voice of the Lord.

"여호와께서 자기 백성에게 힘을 주심이여 여호와께서 자기 백성에게 평강의 복을 주시리로다(시 29:11)."

"You are strengthened when you hear the voice of the LORD. When you hear the voice of the LORD, He will bless you and give peace."

개인도, 가정도, 민족도, 국가도 주님의 음성을 듣지 않으면 망하게 되는 것입니다.

Any individual, family, nation, or state will be destroyed unless they hear the voice of the Lord.

주님의 음성을 듣지 않은 제사장들과 선지자들도 망했습니다.

Priests and prophets were doomed when they did not hear the voice of the Lord.

교회도 주님의 음성을 듣지 않으면 망하게 되는 것입니다. 그러나 주님의 음성을 들으면 다시 일어납니다.

Even churches that do not hear the voice of the Lord will be ruined. But when they hear the voice of the Lord, they will rise again.

"소녀야, 일어나라, 달리다굼!" 인생이 역전되는 것입니다. 치유와 표적이 나타날 줄로 믿습니다.

"Little girl, I say to you, arise. Talitha koum!" Life is turned around. Healing and miracles happen.

주님의 음성을 들으면 역사는 다시 시작됩니다. 주님의 음성을 들을 때 각양 좋은 은사를 받을 수 있습니다.

History restarts when you hear the voice of the Lord. One can receive good spiritual gifts when they hear the voice of the Lord.

그러므로 개인이든, 가정이든, 교회든, 주님의 음성을 들어야 합니다. "주 음성 외에는 참 기쁨 없도다."

So whether it be individuals, families, or churches, we all need to hear the voice of the Lord. "There is no joy except for the Lord's voice."

사랑하는 성도 여러분! 하나님의 말씀을 통하여 주님의 음성을 들을 수 있기를 주님의 이름으로 축원합니다.

Beloved believers! I pray in the name of the Lord that you would hear the voice of the Lord through the Word of God.

3. 양심을 통해서 들어야 합니다.
3. We need to hear through our conscience.

내 마음, 내 양심을 통해 주님의 음성을 들어야 합니다. 지식에는 계시적 지식과 감각적 지식이 있다고 했습니다.

We need to hear the voice of the Lord through our heart and conscience. There is revelatory knowledge and sensory knowledge.

사람은 누구나 세상을 살면서 계시적인 지식과 감각적인 지식을 얻습니다.

Everyone gains revelatory and sensory knowledge in life.

그런데 성도는 그 어떤 일을 결정할 때 감각적 지식을 따르면 안 되고, 계시적 지식을 따라야 합니다.

In certain situations, believers have to follow their revelatory knowledge instead of following their sensory knowledge.

감각적 지식은 지금까지 세상에서 배운 것을 말합니다. 경험에서 나온 노하우입니다.

Sensory knowledge is what I have learned in the world so far. It's know-how.

그래서 보통 사람들은 "내 경험에 비추어 볼 때 이렇고 저렇고 …"라고 이야기를 합니다. 그런데 예수님을 믿는 사람들은 그렇게 이야기하면 안 됩니다.

So when people talk they usually say "In my experience, it should be like this or that…" Those who believe in Jesus should not talk like this.

우리는 계시적 지식을 따라야 합니다. 계시적 지식은 주님의 음성입니다. 하나님의 말씀을 말합니다. 주님의 음성을 듣고 믿음으로 결정해야 합니다.

Believers follow revelatory knowledge. Revelatory knowledge is the voice of the Lord. It is the Word of God. We need to listen to His voice and make decisions with faith.

세상적으로 손해가 있고 인간적으로 잘못되는 것 같아도 계시적 지식을 따라 결정하면 하나님께서 기뻐하십니다.

Though there may be a loss in a worldly sense, and it may not work well from a typical human's perspective, God is pleased when we follow His revelatory knowledge.

내 생각에는 이게 아닌데, 이렇게 해도 될까 고민을 할까요? 아닙니다. 주님의 음성을 듣고 주님의 뜻이라면 무조건 "아멘"으로 따르고 결정하면 그것은 축복입니다.

In my opinion, this is not right, but should I? It is not that. It is a blessing to hear the voice of the Lord and to say "Amen" and follow the will of God.

성 어거스틴 수도원 식당에는 이런 글이 쓰여 있다고 합니다. "이 식탁은 다른 사람에 대해서 이야기하는 사람을 환영하지 않는다."

These words are written in the cafeteria of St. Augustine's Monastery. "This table does not welcome those who talk about others."

사람들은 보통 밥 먹고 배부르면 남의 이야기 쉽게 하는데 그렇게 살지 말라는 것입니다.
People often talk about others when their stomach is full, but the saying provides that we ought not to.

그리고 그 수도원 밥그릇에는 "형제여, 먼저 네 눈 속에서 들보를 빼내어라"라고 적혀있습니다.
Further, the monastery's bowls are inscribed with the saying, "Brother, first take the log out of your own eye."

그래서 그곳에서 식사하는 사람들은 식사할 때마다 다른 사람에 대해 나쁜 이야기를 하지 않고 "내가 과연 바르게 살고 있는가? 내 잘못은 무엇인가?" 하며 자신을 되돌아봅니다.
So those who eat there do not talk badly of others, but they reflect on themselves, "Am I living righteously? What is my fault?"

자기 마음을 살피면서 양심을 바로 세웠다는 것입니다.
They evaluated their own hearts and made their conscience upright.

그렇습니다. 우리가 우리 자신을 바로 세우기 위해서는 우리 양심을 통해서 주님의 음성을 들어야 합니다.

That's right. In order for us to establish ourselves rightly, we must listen to the voice of the Lord through our conscience.

우리 생각으로 쉽게 다른 사람을 비판하지 말아야 합니다. 다른 사람을 욕하지 말아야 합니다. 그런 행위는 우리 자신을 깨뜨리는 것입니다.

We should not judge others so easily. We should not speak evil of others. Such an act is harmful.

나 자신을 허물어뜨리는 것입니다. 사실 그렇지 않습니까? 내가 다른 사람을 비판하면 결국 내 양심이 괴롭습니다. 내 양심이 내 마음을 괴롭게 하는 것입니다.

That is to tear myself down. Isn't this true? If I criticize someone, my conscience feels violated. My conscience affects my heart.

영적 수준이 높아질수록 성령이 충만해질수록 더 민감하게 더 쉽게 느낄 수 있습니다.

As we grow spiritually, and as the Holy Spirit fills us, we can feel this with even more sensitivity.

탈무드에 이런 이야기 나옵니다. 사람은 누구나 큰 자루를 두 개 메고 다니는데 하나는 앞에, 하나는 뒤에 메고 다닌다고 합니다.

There is a story in Talmud. Everyone carries two large sacks - one in the front and the other on one's back.

앞에 있는 자루에는 다른 사람의 허물과 잘못을 주워 담고, 뒤에 있는 자루에는 자기 허물과 잘못을 주워 담는답니다.

He picks up the faults of others to fill up the sack in the front while he picks up his own faults to fill up the sack in the back.

그런데 앞에 있는 것은 잘 볼 수 있어서 계속 다른 사람의 허물과 잘못을 주워 담는다는 것입니다.

He keeps filling up the sack in the front with other's faults because it's easy to see.

문제는 다른 사람의 허물과 잘못을 아무리 주워 담아도 그 무게 때문에 앞으로 넘어지지 않는다는 것입니다.

But the problem is that no matter how much he fills the sack in the front, he will not fall forward.

왜 그럴까요? 알고 보니 뒤에 있는 자루에도 언제나 그만큼 자기 허물이 채워지더라는 것입니다.

Why is that? It's because the sack in the back is always being filled up with his own faults.

일찍이 임마누엘 칸트는 밤하늘의 별이 반짝이는 것처럼 내 마음속에서 양심의 별이 반짝인다고 했습니다.
Immanuel Kant said, "Just like the stars in the night sky shine, the stars of my conscience shine in my heart."

그렇습니다. 우리도 우리의 마음, 우리의 양심을 통해서 주님의 음성을 들을 수 있어야 합니다.
That's right. We need to be able to hear the voice of the Lord through our hearts and conscience.

엘리야는 갈멜산 전투에서 이기고도 혼자 남았을 때 두려움과 외로움이 찾아와 로뎀나무 아래에서 굶어 죽으려고 했습니다.
After the victory in the battle of Mount Carmel, Elijah sat under the broom tree and wanted to die from starvation, and was lonely and afraid.

그때 하나님의 사자가 나타나 물과 떡을 먹여주어서 살아났습니다. 그 후에 하나님께서 40일 주야를 호렙산 굴 앞에 서 있으라고 엘리야에게 말씀하셨습니다.
However, an angel appeared and gave him cake and water, and so he lived. Then God told him to stay in Horeb for forty

days and forty nights.

그때 크고 강한 바람이 불어왔습니다. 그리고 큰 지진이 일어났습니다. 큰 불길이 일어난 것입니다.
There was a great and strong wind. There was an earthquake. There was also a great fire.

그리고 얼마 후 조용해졌습니다. 조용한 가운데 세미한 주님의 음성이 들렸습니다.
And then it became quiet. And in the quietness, Elijah heard the voice of the Lord.

그것을 주석가들은 엘리야의 마음, 엘리야의 양심을 통해서 하신 말씀이라고 표현하고 있습니다.
Commentators say God communicated to Elijah through Elijah's heart and conscience.

그렇습니다. 여러분의 마음이, 여러분의 양심이 맑고 깨끗해야 합니다. 거룩해야 합니다. 선하고 의로워야 합니다.
That's right. Your heart and conscience needs to be clean and pure. It needs to be holy. It needs to be good and righteous.

죄를 멀리해야 합니다. 악한 것은 모양이라도 버려야 하는 것입니다. 우리는 성령 충만해야 합니다.

We must stay away from sin. We need to cast out all the evil things. We must be filled with the Holy Spirit.

우리 영이 맑은 가운데 잠잠히 기다릴 때 주님의 음성을 들을 줄로 믿습니다.

As we wait quietly with a pure spirit, we will hear the voice of the Lord.

그렇습니다. 마음이 분주하고 복잡할 때는 주님의 음성을 듣기가 어려운 것입니다.

That's right. It is hard to hear the voice of the Lord when our hearts are convoluted and preoccupied.

그러나 한밤중 조용할 때, 마음과 양심이 쉬고 있을 때 주님의 음성을 들을 수 있습니다.

But we can hear the voice of the Lord when our hearts and minds are resting at night.

우리의 마음이 분주할 때 우리 의식이나 양심은 주님의 음성을 들을 여유가 없습니다.

It is difficult to hear the voice of the Lord if our consciousness has no room because our minds are busy.

그러므로 한밤중에 내 마음과 양심이 조용히 쉬고 있을 때 주님께서 말씀하실 수 있습니다.

But, the Lord can speak when my heart and conscience are resting at nighttime.

그렇습니다. 하나님께서는 우리를 사랑해서 마음에 양심을 주셨습니다. 직감을 주셨습니다. 우리에게 영감을 주셨습니다.

That's right. God gave us a conscience because He loves us. He gave us intuition. He gave us inspiration.

사랑하는 성도 여러분! 지금도 여러분을 향해서 들려주시는 주님의 음성을 들을 수 있기를 주님의 이름으로 축원합니다.

Beloved believers! I pray in the name of the Lord that you would hear the voice of the Lord who is still speaking to you.

**Bilingual
Gospel Sermons
in Reformed
Theological
Foundations**

사랑으로 행하라
Walk in Love

요한일서 4장 7-11절

"사랑하는 자들아 우리가 서로 사랑하자 사랑은 하나님께 속한 것이니 사랑하는 자마다 하나님으로부터 나서 하나님을 알고 사랑하지 아니하는 자는 하나님을 알지 못하나니 이는 하나님은 사랑이심이라 하나님의 사랑이 우리에게 이렇게 나타난바 되었으니 하나님이 자기의 독생자를 세상에 보내심은 그로 말미암아 우리를 살리려 하심이라 사랑은 여기 있으니 우리가 하나님을 사랑한 것이 아니요 하나님이 우리를 사랑하사 우리 죄를 속하기 위하여 화목 제물로 그 아들을 보내셨음이라 사랑하는 자들아 하나님이 이같이 우리를 사랑하셨은즉 우리도 서로 사랑하는 것이 마땅하도다."

1 John 4:7-11

Dear friends, let us love one another, for love comes from God. Everyone who loves has been born of God and knows God. Whoever does not love does not know God, because God is love. This is how God showed his love among us: He sent his one and only Son into the world that we might live through him. This is love: not that we loved God, but that he loved us and sent his Son as an atoning sacrifice for our sins. Dear friends, since God so loved us, we also ought to love one another.

●

우리나라에 기독교의 복음이 들어와서 우리는 예수 그리스도를 믿는 신앙을 통해 하나님의 놀라운 은혜와 축복을 많이 받고 있습니다.

The gospel arrived in South Korea, and as a result, the country has experienced enormous growth, and individuals have received many wonderful blessings by placing their faith in Jesus Christ.

그럼에도 한국 기독교가 해결해야 할 문제가 몇 가지 있습니다. 그중 하나가 샤머니즘, 즉 무속신앙입니다.

Nevertheless, problems still exist within Korean Christianity. One of them is shamanism.

이 세상 어떤 종교든 무속신앙이 들어가면 그 종교의 본질과 장점이 흐려져 변질이 되어 버립니다.

When shamanism enters any religion, the essence, merit, and goodness of that religion become blurred and deteriorated.

역사를 보면 통일신라 시대 때 그 찬란했던 불교가 무속신앙 때문에 빛을 잃어버렸습니다.
During the Unified Silla dynasty, Buddhism lost its light due to shamanism.

조선왕조 5백 년 유교사상 고유의 독특성이 샤머니즘의 유입으로 죽어버렸습니다.
The good and unique characteristics of the 500-year Yi dynasty crumbled to shamanism.

우리 기독교가 근래에 들어 교회와 사회에서 그 역사성을 자꾸 잃어갑니다.
Christianity has been losing its status and place in history due to societal pressures recently.

복음의 진정성과 예수 그리스도의 생명 그리고 십자가 사랑의 중요성이 흐려지고 있습니다.
The true gospel, the life of Jesus Christ, and the importance of the love of the cross are becoming blurred and forgotten.

샤머니즘은 기독교가 해결해야 할 아주 중요한 문제입니다.
Shamanism is a very serious problem that we need to solve.

이미 우리 가운데 뿌리 깊이 박혀서 분별하기가 어렵습니다.
It is difficult to discern because its roots are already deeply embedded within us.

그러므로 우리는 하나님의 말씀을 붙잡고 정신을 차려서 신앙의 본질을 찾아야 합니다. 또 하나는 이원론적 문제입니다.
We must hold on to the Word of God, be alert, and find the essence of faith. The other problem is dualism.

안타깝게도 우리는 강단을 비롯해서 이원론적 사상을 가르치고 배웠습니다.
Unfortunately, we have been teaching and learning with dualistic ideology, even from the pulpit.

낮과 밤, 하늘과 땅, 세상과 교회, 의인과 죄인,
Day and night, heaven and earth, the world and church, the righteous and sinner,

교회 안과 밖: 이런 식으로 양쪽으로 나누어 가르쳐왔고 배워왔습니다.
inside and outside of the church: we have been taught only between black and white, by dividing any issue into two segments.

일종의 헬레니즘 문화와 사상이지요. 그래서 교회 안에서는 거룩한데 밖에서는 그렇지 않습니다.

This is Hellenistic culture and ideology. They believed those inside the church were holy, and those outside were not.

교회에서는 기도를 잘하는데 집에서는 하지 않습니다.

The Hellenists would pray in the church, but not when they go home.

교회에서는 웃고 사랑하는데 직장이나 가정에서는 잘 웃지도 않고 본이 되지 않습니다.

They would laugh and love in the church, but they would not at home.

교회 안에서 하는 신앙생활처럼 믿음을 가지고 하나님을 영화롭게 하며 살아야 하는데 세상에서는 빛과 소금의 역할을 하지 않고 살아갑니다.

They live by faith and glorify God at church, but outside, they do not live as the salt and the light to the world.

교인이 아니라 보통 사람으로 살아가는 데 익숙한 것입니다.

They would rather live as an ordinary person rather than a believer.

하나님의 말씀을 기준으로 사는 것이 아니라 내 마음대로 그저 편하고 쉽게 살아갑니다.

They do not live by the Word of God, but live according to their own desires.

교회 문을 나서면 교인으로 살려고 하지 않습니다.

They do not want to live as a believer when they leave the church.

이것은 이원론적 문화와 사상 때문인데 우리는 이것을 고쳐야 합니다.

This is due to their dualistic thinking, but we must correct this.

그렇습니다. 흔히 우리 기독교를 가리켜 "사랑의 종교"라고 부릅니다.

That's right. We often refer to Christianity as "a religion of love."

삶 속에서 사랑을 구체적으로 실천해야 하는 행위의 종교가 기독교입니다.

The religion of action that should practice love consistently in life is Christianity.

"사랑하는 자들아 우리가 서로 사랑하자 … 하나님은 사랑이시라(요일 4:7-8)."

"Beloved, let us love one another…for love is from God."

얼마나 아름다운 이야기입니까! 사랑이 무엇입니까? 사랑은 아무런 대가 없이 그냥 베푸는 것입니다. 그저 도와주고 사랑하는 것입니다.

What a wonderful story! What is love? Love is giving unconditionally. It is helping and caring.

예수님의 사랑이 위대하고 거룩하며 참사랑인 이유는 하늘 보좌를 버리시고

The love of Jesus is great, holy, and genuine because he chose to leave his heavenly throne,

이 땅에 죄인을 구원하시기 위해 생명까지 주신 사랑이기 때문입니다.

and came to this lowly earth as man and gave his life to save sinners.

그런데 안타깝게도 오늘 많은 사람이 보상을 바라고 사랑을 할 때가 많습니다.

However, today many people often love expecting something

in return.

자본주의, 상업주의, 실용주의 사회인 미국에서 살다 보면
When you live in a capitalist society, like the United States, which holds to capitalistic values,

자기도 모르는 새 그렇게 되는 경우가 많이 있습니다. 너무 지나치게 타산적입니다. 작은 일에도 이유와 조건을 붙입니다.
you conform to society unconsciously. People become too calculative. Even in small matters, they make things complicated and attach conditions.

매사를 개인주의, 합리주의 그리고 상대주의에 빠져서 철저하게 따지고 계산하는 것입니다.
They quarrel and thoroughly calculate everything because they are individualistic, and only think about themselves.

심지어 부모와 자식 간에도 따집니다.
This happens even between parents and their own children.

그뿐만 아니라 성스러운 결혼을 하면서도 그 가운데 이권과 실속을 찾습니다.
Even in marriage, husbands and wives seek their own

interests.

우리의 사랑이 왜 이렇게 변해버렸을까요? 우리의 사랑이 언제부터 이렇게 달라졌을까요? 하나같이 이기적이고 타산적입니다.
Why does our love change like this? When did it begin to change? Everyone is so selfish and calculative.

내게 돌아올 이익만 계산하니 인간미가 없습니다.
We lose ourselves when we seek only profit.

내가 남에게 무언가를 주었으면 꼭 다시 받아야 합니다. 내가 수고했으면 그에 맞는 대가를 얻어야 하는 것입니다.
If we gave something to someone, we must get something back. If we work hard, we must be paid this much.

얼마나 피곤한 일입니까? 그냥 단순하게 사랑하시기 바랍니다. 때로는 희생하면서, 때로는 손해 보면서 사랑하시기 바랍니다.
How tiring is this way of thinking? I hope that you all would simply love one another. Love by sacrificing, though you may have a loss.

그런가 하면 내가 주지 않았으면 받지도 않습니다.
People have not received blessings because they have not yet

given something to others.

내가 하지 않았으면 기대를 하지도 않는 것입니다.
They do not even expect anything because they have not done anything first.

이렇게 사는 사람이 똑똑한 사람, 분명한 사람이 되어버렸습니다. 여러분도 그렇게 생각합니까?
Apparently, a person who lives this kind of lifestyle is considered smart and shrewd. Do you really think so?

어느 날, 제자들이 서로 시기하며 질투하고 있을 때 예수님께서는 그들의 발을 씻어 주셨습니다.
One day, Jesus washed the feet of his disciples when they were quarreling with one another.

차례차례 씻어주시는데 베드로의 차례가 되자 베드로는 난처했습니다.
He washed their feet one by one, but when it was Peter's turn, Peter was confused.

갑자기 생각지도 못한 일이 일어났고 자기도 예수님의 발을 씻겨 드려야 하는 것입니다. 이거 큰일 났습니다.

Peter was uncomfortable because it was he who should have been cleaning Jesus' feet.

그래서 베드로는 "주님, 제 발은 씻으실 수 없습니다"라고 말했습니다. 그는 예수님께로부터 똑똑한 사람, 역시 베드로구나 하는 소리를 듣기 원했겠지요.
So Peter said, "Lord, you cannot wash my feet." He probably wanted to hear Jesus say, "Yes Peter, you are smart."

자기가 하지 않을 테니 받지도 않겠다는 것입니다.
Since Peter did not wash Jesus' feet, he did not want Jesus to wash his feet.

이때 예수님께서 "내가 너를 씻지 않으면 나와 상관이 없다"고 하셨습니다(요 13:8).
Then Jesus said, "If I do not wash you, you cannot share with me(John 13:8)."

그렇습니다. 하나님의 은혜, 하나님의 사랑, 하나님의 긍휼 그리고 하나님의 축복은 초자연적인 것입니다.
That's right. God's grace, love, mercy, and blessings are supernatural.

상상을 초월합니다. 그것은 이치를 따져서 되는 것이 아닙니다. 하나님의 기쁘신 뜻대로 그저 주어지는 것입니다.

It is beyond imagination. It cannot be reasoned. It is simply given according to the purpose of God's will.

자격이 있는 사람과 의인이 그런 복을 받는 것은 당연합니다.

It is natural for a qualified and a righteous person to receive such blessings.

그러나 이 땅에 자격이 있는 사람, 의인이 어디에 있습니까? 그렇지만 하나님께서는 자격이 없는 죄인들에게 복을 주신다는 것입니다.

But who on earth is qualified and righteous? Do not fear. God gives blessings to undeserving sinners as well.

가정에서 자녀 중에 말도 잘 듣고 공부를 잘하는 아이가 있지만, 말도 잘 안 듣고 공부도 못하는 아이도 있습니다.

At home, you have two children - one child is obedient and studies diligently; the other is rebellious and does not study.

그럴 때 공부를 잘하는 아이는 사랑하고 못하는 아이를 쫓아냅니까?

Do you only love the one who studies diligently, and kick the other out of the house?

아닙니다. 잘하면 잘하는 대로 못하면 못하는 대로 사랑합니다. 건강하면 건강해서 사랑하고 약하면 약해서 사랑하는 것입니다.
No. You love them both regardless of their faults. Whether they are healthy or ill, you love them both.

공부를 좀 못하고 몸이 약한 자녀를 더 사랑합니다.
Actually, you should love the child who is lacking more.

그래서 사랑이 귀한 것입니다. 사랑은 하나의 관념이나 추상적인 이론이나 감상이 아닙니다.
This is the reason love is so precious. Love is not an idea or an abstract theory.

사랑은 생명입니다. 사랑은 능력입니다. 사랑은 힘입니다. 사랑은 창조입니다.
Love is life. Love is power. Love is strength. Love is creation.

사랑은 소유의 문제가 아닌 존재 그 자체입니다. 그래서 사랑이 가장 아름다운 것입니다.
Love is not about possession, but about itself. This is why love is the most beautiful thing.

어떤 율법사가 예수님께 찾아와서 "선생님, 내가 무엇을 해야 영생을 얻으리까?"라고 물었습니다.

A lawyer came to Jesus and asked, "Teacher, what shall I do to inherit eternal life?"

그때 예수님께서 물으셨습니다. "율법에 무엇이라고 기록되었으며 어떻게 읽었느냐?"

Jesus said, "What is written in the Law? How do you read it?"

예수님의 질문에 그는 이렇게 대답했습니다. "예, '네 마음을 다하고 목숨을 다하고

The lawyer answered, "You shall love the Lord your God with all your heart and with all your soul

힘을 다하고 뜻을 다하여 주 너의 하나님을 사랑하라. 또 네 이웃을 네 몸과 같이 사랑하라' 했습니다."

and with all your strength and with all your mind, and your neighbor as yourself."

"그래, 그럼 너도 가서 그렇게 살아라" 하고 예수님께서 말씀하셨습니다. 그때 율법사가 "그럼 내 이웃이 누구입니까?"라며 물었습니다.

And he said to him, "Do this, and you will live." Then the

lawyer asked, "And who is my neighbor?"

그 질문을 받고 예수님께서는 유명한 선한 사마리아인의 비유를 이야기해 주셨습니다.
Jesus then told him the parable of the Good Samaritan.

"예루살렘에서 여리고로 내려가는 길에는 바위와 굴이 많고 험악해서 강도가 많았단다.
"The road down to Jericho from Jerusalem was dangerous because there were many dens and robbers.

대낮에도 그 길은 도둑 떼가 많아서 혼자서는 지나갈 수 없을 정도로 위험한 길이었지.
Even during the day, one could not safely pass the road alone because there were so many robbers.

그런데 바로 그 길을 어떤 사람이 지나가고 있었는데 아닌 게 아니라 강도를 만나서 모든 것을 다 빼앗기고 몸은 얻어맞아서
A man was going down that road, and he fell among robbers, who stripped him and beat him,

피투성이가 되어 거의 죽게 되었단다. 그때 마침 지나가는 사람이 있었는데 유대교 제사장이었어.

leaving him half-dead. At that time, a Jewish priest passed by the beaten man.

그는 지나가면서 신음을 들었고 마땅히 도와주어야 하지만, 그냥 모른 척하고 슬쩍 지나가 버렸어.

Though the man was crying out for help, the priest pretended like he did not see the man and left.

그리고 두 번째로 종교적으로 헌신하겠다고 나서서 제사장을 돕는 레위인도 그 길을 지나갔는데

A Levite who proclaimed to be religious and helped priests, pass by the beaten man as well.

그도 모른 척하고 귀찮다는 듯이 그냥 지나갔지.

However, he passed on the other side of the road pretending as if he did not see the beaten man.

그런데 평소에 유대인으로부터 민족적 차별을 받고 있던 사마리아인이 그 길을 지나가다가

A Samaritan then came along - Samaritans had been historically discriminated against by the Jews,

강도를 만난 유대인을 발견하고는 놀라서 그의 상처에 기름과

포도주를 발라주고 자기 옷을 찢어 상처를 싸매어주었단다.

But when the Samaritan saw him, he had compassion. He stopped by the beaten man and treated and dressed his wounds with oil and cloth.

그리고 그를 주막으로 데리고 가서 돌보아주고 치료비까지 주인에게 주며 돈이 더 들면 나중에 자기가 돌아오는 길에 갚겠다고 했지."

Then he took the man to an inn and paid the innkeeper saying that he will repay him when he comes back if it costs more."

예수님께서는 이 이야기를 율법사에게 들려주시면서 "네 생각에는 누가 이 강도 만난 자의 이웃이 되겠냐?" 하고 물으셨습니다.

Then Jesus asked the lawyer, "Which of these three, do you think, proved to be a neighbor to the man who fell into the hands of robbers?"

"예, 자비를 베푼 자입니다. 사랑을 베푼 사마리아인입니다." 그가 대답했습니다.

The lawyer said, "The one who showed him mercy. The Samaritan who showed love."

이에 예수님께서 이렇게 말씀하셨습니다. "그래, 맞다. 그럼 너도 가서 이와 같이 자비를 베풀라. 그러면 네가 살리라."

And Jesus said to him, "You're right. You go, and do likewise. And you will live."

구약에 보면 십계명을 비롯해서 613가지의 계명이 있습니다.

There are about 613 laws and commandments in the Old Testament, including the Ten Commandments.

그중에서 "하지 말라"는 계명이 365가지이고 "하라"는 계명이 248가지가 있습니다.

Among them, 365 are negative commandments (do not do something) and 248 are positive commandments (do something).

이스라엘 민족이 출애굽 해서 광야 초기생활에서는 "하지 말라"는 명령이 많았습니다.

In the early days of the wilderness after the Exodus, there were many negative commandments.

그리고 이스라엘 민족이 가나안 땅에 정착하면서 모든 것이 성숙해진 후에는 "하라"는 명령이 많았습니다.

Then when the nation of Israel settled in the land of Canaan, there were many positive commandments.

그런 의미에서 "사랑으로 행하라"는 말씀은 초신자에게 주어진 말씀이 아니고 성숙한 그리스도인에게 주신 말씀이라는 것을 알 수 있습니다.

Subsequently, "Walk in love" is a phrase given to mature Christians, and not new believers.

그렇습니다. 우리가 예수님을 믿고 그리스도인이 된 지가 벌써 30년, 50년, 70년이 되어갑니다.

Yes. It may have been 30, 50, 70 years since we first believed in Jesus and became a Christian.

아니, 3대나 5대가 넘은 분들이 있잖아요? 우리가 성숙한 그리스도인의 삶을 살아야 하는데 과연 어떻게 살아야 할까요?

Don't we even have 3rd and even 5th generation Christians? Thus, we ought to live as mature Christians, but what does that look like?

우리는 항상 사랑으로 행해야 합니다. 높은 곳에 있을 때는 낮은 곳에 있는 사람을 이해해주고, 잘 살 때 가난한 사람을 부끄럽게 하지 말아야 합니다.

We need to walk in love. Those of much need to sympathize with those with little. The wealthy must not treat the poor shamefully.

좋은 옷을 입었을 때 초라한 옷을 입은 사람을 부끄럽게 하지 말아야 하는 것입니다.

Those who are wearing nice clothes should not treat those who are clothed poorly shamefully.

잘 돼서 성공할 때 실패하고 망한 사람을 비웃지 말아야 합니다.

When you become successful, you should not laugh at someone who failed.

불쌍한 사람과 불쌍한 이웃을 사랑해야 합니다. 죄인을 향해서 침을 뱉거나 욕하지 말아야 합니다.

We must love the poor and treat our poor neighbors well. We should not curse or spit at a sinner.

행여나 다른 사람을 춥게 하고 나만 따뜻하게 있으면 안 됩니다. 다른 사람을 아프게 하고 나만 즐기면 안 됩니다.

We should not be cold to others so that we may all be warm. Do not hurt others.

내가 좀 덜 먹고 덜 써서 이웃과 함께 추위와 배고픔과 아픔을 나누고 사랑을 베풀어 그를 구원하는 것이 그리스도인의 삶입니다.

Christian life is saving others through love by eating less, spending less, or sharing in hunger or pain.

그럼, 사랑으로 행하려면 어떻게 해야 합니까? 무엇보다도 이웃에게 관심을 가져야 합니다.
Then, how can we walk in love? First of all, we ought to be concerned for our neighbors.

사랑의 반대말은 미움이 아니라 무관심이라고 합니다.
They say that the opposite of love is not hatred, but indifference.

이민자들의 삶의 특징은 이웃에 관심이 없다는 것입니다.
The characteristic of immigrants is that they do not have a concern for their neighbor.

특히, 미국에 이민자로 우리가 살다 보면,
Especially when we live in the United States as immigrants, we often live individualistically

우리도 모르는 사이에 가정, 직장, 학교, 심지어 교회에서까지 서로 적대시하며 철저히 개인주의로 살 때가 많습니다.
and unconsciously become hostile at home, at work, at school, and even at church.

너무 바빠서 한집에 살면서도 서로 잘 못 봅니다. 옆집 사람이 누군지 관심도 없고 모릅니다.

We are too busy with work that we cannot see each other at home. We do not care who lives next door.

사람이 죽어도, 며칠 동안 인기척이 없어도 관심이 없습니다. 함께 예배드리던 성도가 몇 주일 보이지 않아도 어디에 갔는지,

Even if a person dies, we do not care. An avid church member goes absent for a few weeks,

왜 안 나오는지 관심도 없는 것입니다. 철저한 무관심, 그것은 바로 비극입니다.

but we do not wonder why he or she stopped coming. Indifference is a tragedy.

그러므로 우리는 우리 삶의 공동체 가운데 이웃을 찾아야 합니다. 이웃에 관심을 가져야 합니다.

So we must find neighbors in the community of our life. We must be concerned for our neighbors.

어떤 분은 이렇게 말씀하십니다. "내 코가 석 자인데, 나도 힘든데, 내 앞에 있는 문제도 감당할 수 없어서 야단인데

Some say this, "Look at my life. I'm suffering, too. I cannot even handle my own problems.

내가 어떻게 남을 도울 수 있나요? 도울 수 있어도 지금은 아닙니다. 나중에 돕지요." 그렇게 반문하실지 모르지만, 그렇게 생각하면 안 됩니다.

How can I help others? Perhaps not now, I'll help later." Some may respond like this, but we should not think this way.

아무리 내가 힘들고 어려워도 우리의 눈을 돌려서 나보다 못한 우리의 이웃에 관심을 가져야 합니다. 그것이 사랑입니다.

Though I may be going through hardship, I need to turn my eyes to those who need more help than me. That is love.

그런 사랑을 통해 기적이 일어납니다. 예수님께서는 로마 백부장의 믿음을 칭찬해 주셨습니다.

A miracle happens in such love. Jesus praised the faith of the Roman centurion for this love.

어떤 믿음이었는데 칭찬해주셨습니까? 그것은 사랑에 근거한 믿음이었습니다.

What kind of faith did he have? It was faith rooted in love.

자기 질병을 위해서 예수님께 간구한 것이 아니고 병들어 있는 자기의 종을 치유하기 위해서 그는 예수님께 간청을 했습니다.

He did not ask Jesus to heal his own illness, but begged that

Jesus would heal his sick servant.

그래서 예수님께서 그 백부장의 사랑을 보시고 고쳐주셨습니다. 사랑에는 치유의 능력이 있는 줄로 믿습니다.

So Jesus healed his servant after seeing the centurion's love for his servant. Love has the power to heal.

초대 예루살렘 교회의 성도들이 성령의 충만함을 받고

The early church members in Jerusalem were filled with the Holy Spirit.

제일 먼저 변한 부분이 무엇입니까? 그것은 이웃에 대한 관심입니다.

And what was the first thing that happened in their transformation? They loved their neighbors.

하나님의 은혜로 이렇게 축복을 많이 받았으니 나누어야겠다는 생각을 한 것입니다.

I have received many blessings by the grace of God. I need to share this.

서로 유무 상통하는 모습을 보고 그 사랑을 받고 싶어서 수많은 사람이

They related to one another despite their different circumstances. As a result, many people came to church

교회를 찾았습니다. 그래서 교회는 자연스럽게 부흥했습니다.
because they wanted to be loved in this manner. So the Church grew naturally and quickly.

인도의 간디는 계급사회를 이루고 있는 힌두교나 불교로는 소망이 없다고 생각하고
Gandhi saw the hierarchical structure in Hinduism and Buddhism and thought there was no hope.

영국에서 유학할 때 사랑의 종교인 기독교를 받아들여야겠다고 생각했습니다.
So he thought about accepting Christianity, the religion of love, while he was studying in England.

어느 날, 그는 영국 성공회에 나갔습니다. 그런데 그때 문 앞에서 안내하는 집사님들이 여기는 영국 백인들만 들어가는 교회라서
One day, he went to an Anglican Church. But at that time, the deacons who were ushering said that this church was

그는 못 들어간다고 말한 것입니다. 그때 간디가 충격을 받았습

니다.

only for white British people. Gandhi was shocked.

사랑을 외치는 기독교는 가짜라는 생각을 했습니다. 그들은 사랑을 말하지만, 여전히 인종차별이 심한 계급사회가 있는 것입니다.

Christianity is fake, he thought. They speak of love, but they hold on to systemic racism today.

'그렇다면 조상 대대로 내려오는 힌두교를 버리고 기독교로 개종할 필요가 없지 않는가!'

So there is no reason for me to abandon Hinduism, which came from my ancestors, for Christianity.

10억이 넘는 인도의 복음화가 이렇게 깨졌습니다.

Thus, evangelism in India, a country of over 1 billion people, failed.

간디가 영국에서 유학을 마치고 돌아올 때 손에 성경책은 들고 있었지만, 그는 그 후에 결코 교회에 나간 적이 없다고 합니다.

Though Gandhi had a Bible in his hands when he returned from England, he never went to church after that.

얼마나 안타까운 이야기입니까? 그렇습니다. 교회는 부르주아 중상층을 위해서만 존재하면 안 됩니다.

How unfortunate is this? Yes. The church should not exist only for the bourgeois upper class.

커피를 마시며 쿠키를 먹으며 우아한 신앙생활을 하는 것, 그래, 좋아요.

Sure, drinking nice coffee and eating delicious cookies is nice.

우리 교회에 점잖은 분이 많고 우리 교회가 수준이 좀 있다고요? 좋아요.

Our church has a spectrum of members. Our church has class, right? That's good.

그런데 거기에서 멈추면 안 됩니다. 내려가야 합니다. 좀 우습고 유치해져도 괜찮습니다.

But we cannot stop there. We must be humble. It's okay to be considered lower.

인생 밑바닥의 삶도 살 줄 알아야 합니다. 하나님의 아들이신 예수님도 이 땅에 오셨는데요.

We must be able to live a lowly life as well. Jesus, the Son of God, descended to this lowly earth as a man.

가난하고 불쌍한 사람들도 볼 줄 알아야 합니다. 어떤 분은 교회에 와서 내 자리, 내 자리를 찾습니다.

We need to be able to see the poor and have compassion. Some people come to church and look for their usual seat.

"누가 제 자리에 앉았습니까?" 새로 나오신 분이 친교실에 내려가서 앉았더니, 거기 일어나시라고 하더랍니다.

"Why is someone in my seat?" A newcomer had come and taken his seat, but the church member told him to get up.

거기 지정석이라고 하면서 말입니다. 그래서 "그래요?" 하고 일어나 옆에 앉았더니, 거기는 또 다른 사람 자리라고 하더랍니다.

This is someone's seat. "Oh really?" The newcomer moved over to the next seat, but the man once again said that was another person's seat.

그렇게 하면 안 됩니다. 어떤 권사님이 한 사람을 새로 전도해서 데리고 와서 앉혀놓고 떡을 갖다주려고 했습니다.

We should not do this. A deaconess once brought a person to church and went to get some rice cakes for the two of them.

그런데 누가 왜 그렇게 떡을 많이 담아서 가냐고 물었습니다.

And someone asked her, "Why are you taking so much rice

cake?"

사정도 모르고 말입니다. 그냥 이해하고 못 본척하면 어떻습니까?

The woman didn't even know she was taking cake for her friend as well. People, just act like you never saw anything and don't say anything.

그게 사랑입니다. 자리에 앉으면 그만이지, 누구 자리라며 일어나라고 하면 어떡합니까?

This is love. Once a person sits down, that's it. Do not tell him or her to get up because it is someone else's seat.

누구든지 아는 사람보다 모르는 사람에게 더 말조심하고 섬겨 주세요.

Please serve and care more for others whom you do not know than people you already know.

그게 사랑입니다. 교회에서조차 구별하면 어떻게 합니까? 예수님께서 어느 날 바리새인 집에 초청을 받았습니다.

That is love. How can a church make this kind of distinction? Jesus was invited to a Pharisee's house one day.

대접은 잘 받으셨는데 분위기가 못마땅했습니다.
He was treated well, but there was something wrong with the atmosphere.

오신 분들이 서로 상좌에 앉기 위해서 다퉜기 때문입니다.
It was because people were fighting to sit closest to the seat of honor.

이것을 보시고 예수님께서 "잔칫집에 초청을 받거든 아랫자리에 앉으라"고 말씀하셨습니다.
Jesus saw this and said, "But when you are invited, go and sit in the lowest place."

그리고 주인에게 "손님을 청하려거든 부자, 친척, 친구들을 청하지 말고
Then he told the owner, "When you give a feast, do not invite the rich man, your relatives, your friends.

전혀 갚을 수 없는 가난한 자, 병든 자를 청해야 복이 있다"고 하셨습니다.
But invite the poor, the maimed, and you will be blessed, because they cannot repay you."

그렇습니다. 나를 위한 사랑을 하지 말고 내가 희생하고 손해 보면서 불쌍한 사람을 구체적으로 사랑해야 합니다.

That's right. We need to make sacrifices and love the poor compassionately instead of loving others to benefit myself.

내 옷을 가지고 불쌍한 사람을 덮어 주어야 합니다.

Like the Samaritan, we need to bind the wounds of the poor with our own clothes.

겸손하여 악을 악으로, 욕을 욕으로 갚지 말고 복을 빌어 주어야 합니다. 그게 사랑의 마음입니다.

Instead of repaying evil for evil, we need to humbly bless and forgive others. That is the heart of love.

그렇습니다. 사람은 누구나 사랑할 때 강해집니다. 힘이 있습니다. 은혜롭습니다. 복을 받을 줄로 믿습니다.

That's right. Everyone is strengthened when they love. There is power in love. It is gracious. We will be blessed.

아브라함이 어떻게 믿음의 사람이 되고 재물의 축복을 받아 출세하여 거부가 될 수 있었습니까?

How did Abraham obtain his faith, wealth, and success?

그가 갈대아 우르를 떠날 때 갈 바를 알지 못하며 빈손으로 떠나지 않았습니까?
Didn't he leave empty-handed not knowing where to go when he left Ur of the Chaldeans?

그런데 어떻게 영육의 부자가 될 수 있었습니까? 희생하며 사랑을 베풀었기 때문입니다.
How, then, did he become rich both spiritually and physically? It is because he loved by sacrificing.

자기가 받은 축복을 나누어주고 사랑하는 마음으로 불쌍한 사람과 지나가는 나그네를 도와줄 때 아들을 얻었습니다.
He was blessed with a son when he loved, and shared the blessings he received with the poor.

사랑했기 때문입니다. 그는 자기 조카 롯을 위해 사랑으로 싸워주었습니다. 그 싸움에서 이긴 후에 그의 대우가 달라졌습니다.
It is because he loved. He fought for his beloved nephew Lot. And when he won, he was treated well.

다윗이 사울에게 쫓겼습니다. 자기 코가 석 자였습니다. 그런데 그릴라 사람들이 어렵다고 해서 다윗은 그곳으로 가서 도와주었습니다.

David was chased by Saul. He had his own problems. But he went to help the people of Keilah when they were in need.

그릴라 백성은 사울이 보호해야 할 사람들의 원수였는데, 이 일로 다윗의 군대가 창성해졌고 그는 민심을 얻었습니다.
The people of Keilah were enemies of the people Saul should have protected, and through this David's army grew and he won their hearts.

그렇습니다. 구원은 은혜와 믿음으로 얻습니다. 그러나 축복은 행함과 믿음으로 얻습니다.
That's right. Salvation comes from grace and faith. But blessing comes from faith and works.

우리가 믿음으로 사랑하며 살 때 은혜와 복을 받습니다. 히브리 사람들에게 몇 가지 덕이 있습니다.
We receive grace and blessing when we walk in love and faith. There are some Hebrew virtues:

1) 계속 배워야 한다. 2) 환자를 방문해야 한다. 3) 손님을 대접해야 한다. 4) 기도하고 명상해야 한다. 5) 자녀에게 율법을 가르쳐야 한다.
1) Continuously learn. 2) Visit the patients. 3) Show

hospitality. 4) Pray and meditate. 5) Teach your children the law.

그렇습니다. 히브리인들이 오늘의 축복을 받은 것은 손님을 잘 대접했기 때문입니다.

That's right. The Hebrews are blessed today because they showed hospitality to others.

그들은 가난하고 불쌍한 사람들도 도와주었습니다. 그래서 그들은 무시할 수 없는 위대한 역사를 만들었습니다.

They helped the poor and the deprived. So they created a great history that cannot be forgotten.

사르밧 과부가 흉년이 들어 죽기 전에 마지막으로 떡을 구워서 아들과 함께 먹으려고 나뭇가지를 줍고 있을 때,

When there was no rain, a widow of Zarephath was gathering sticks to prepare dinner for her son.

느닷없이 하나님의 사자 엘리야가 나타나서 "내가 배고프니 그 떡을 나에게 달라"고 합니다.

Elijah, a prophet of God, came by and asked, "Bring me a morsel of bread in your hand."

이럴 때 어떻게 해야 합니까? 이 과부는 엘리야에게 그 떡을 대접했습니다. 그 일로 사르밧 과부는 물질의 축복을 끊임없이 받았습니다.
How should we respond to this? This widow gave Elijah the bread. After that, the widow of Zarephath received material blessings unceasingly.

그렇습니다. 우리가 복을 유업으로 받고 살려면 사랑을 실천하며 살아야 합니다.
That's right. If we want to receive blessings as inheritance, we must walk in love.

나보다 못한 사람을 돕는 것을 기쁨으로 생각하고, 내 마음에 안 드는 싫은 사람을 사랑하기 위해 노력해야 합니다.
We need to consider it a joy to help people who are in more need than I and also work hard to love those whom I may not like.

가정의 행복, 사업의 번창, 은혜로운 직장, 그리고 교회 부흥은 저절로 되는 것이 아니고
Happiness in family, prosperity in business, gracious work, and growth in church does not happen automatically,

사랑으로 수고할 때 찾아오는 열매인 것입니다. 그렇습니다. 어떻게 보면 우리는 사랑에 대해서 너무 잘 알고 있습니다.

but it is like a fruit that we bear when we labor in love. That's right. In some ways, we know too well about love.

제사장도, 레위인도 사랑이 무언인지 알았을 것입니다. 그렇지만 그들은 사랑을 실천하지 않았습니다.

The priest and the Levite probably knew what love was. But they did not walk in love.

그렇습니다. 진정한 사랑은 희생입니다. 온전한 사랑은 구체적인 실천이 따라야 합니다.

That's right. True love is sacrifice. Perfect love must be followed by concrete actions.

예수님의 사랑이 다르고 아가페의 사랑이 위대한 것은

The love of Jesus is unique and this agape love is great because he showed his love

예수님께서 직접 십자가에 못 박혀 아픔과 희생의 사랑을 보여주셨기 때문입니다. 그렇습니다. "사랑하는 자들아 하나님이 이같이 우리를 사랑하셨은 즉 우리도 서로 사랑하는 것이 마땅하도다(요일 4:11)."

through his suffering and sacrifice on the cross. That's right. "Since God so loved us, we also ought to love one another."

우리의 믿음과 우리의 성숙이 행동하는 사랑으로 나타나야 합니다. 강도 만난 이웃이 있으면 기름을 발라줘야 합니다.

Our faith and maturity must be shown through acts of love. We must help the beaten man on the road.

포도주를 부어주어야 합니다. 내 옷을 찢어 싸매줘야 합니다. 그것은 주님의 명령입니다. 그렇습니다. 사랑으로 행하면 모든 것이 쉽습니다.

We need to pour wine. We need to tear our own clothes to bind his wounds. This is the Lord's commandment. That's right. Love makes all things easy.

여러분! 주님을 사랑합니까? 교회를 사랑합니까? 성도들을 사랑합니까?

Everyone! Do you love the Lord? Do you love the church? Do you love your brothers and sisters?

그렇다면 교회생활, 신앙생활, 주님 섬기는 것이 재미있고 쉽습니다.

Then church life, the life of faith, and serving the Lord

becomes easy and enjoyable.

사랑이 있으면 기쁘고 즐겁습니다. 사랑이 없으면 모든 게 힘들고 짜증스럽습니다.

If there is love, it is joyful and delighting. If there is no love, everything is frustrating and difficult.

일찍이 예수님께서 말씀하셨습니다. "너희가 서로 사랑하면 이로써 모든 사람이 너희가 내 제자인 줄 알리라(요 13:35)."

Jesus said, "By this all people will know that you are my disciples, if you have love for one another."

교회를 다닌다고 다 주님의 제자입니까? 집사, 권사, 장로 그리고 목사가 되면 주님의 제자입니까?

Are you a disciple of the Lord just because you come to church? Are you a disciple if you are a deacon, a deaconess, an elder, or a pastor?

아닙니다. 서로 사랑으로 행해야 합니다. 우리가 서로 사랑으로 행할 때 세상 사람들이 우리를 그리스도의 제자로 인정할 것입니다.

No. We must love one another. The world will acknowledge us as disciples of Christ when we love one another.

그리고 우리 교회는 차고 넘치는 부흥이 있을 줄로 믿습니다. 서로 사랑으로 행하시기를 축원합니다. 옆에 있는 사람을 사랑으로 붙들어줍시다.

And there will be a revival in our church. I pray that you would love one another. Build each other up in love.

말 한마디라도 따뜻하게 합시다. 그럴 때 우리 모두, 우리 교회 공동체가 활력을 되찾고 살아날 줄로 믿습니다.

Let every word of your mouth be stirring. Then, all of us and our church will regain strength.

날마다 사랑이 넘치는 교회, 날마다 성령이 충만한 교회, 날마다 부흥하는 교회가 될 줄로 믿습니다.

Our church will be filled with love, with the Holy Spirit, and grow.

사랑하는 성도 여러분! 하나님께서 우리를 이같이 사랑하시니 우리도 그 사랑 본받아 사랑을 실천함으로 살아갈 수 있기를 주님의 이름으로 축원합니다.

Beloved believers! I pray in the name of the Lord that we would practice and imitate His love, for God so loved us.

3

믿음으로 승부하라
Be Victorious in Faith!

민수기 13장 30-33절

"갈렙이 모세 앞에서 백성을 조용하게 하고 이르되 우리가 곧 올라가서 그 땅을 취하자 능히 이기리라 하나 그와 함께 올라갔던 사람들은 이르되 우리는 능히 올라가서 그 백성을 치지 못하리라 그들은 우리보다 강하니라 하고 이스라엘 자손 앞에서 그 정탐한 땅을 악평하여 이르되 우리가 두루 다니며 정탐한 땅은 그 거주민을 삼키는 땅이요 거기서 본 모든 백성은 신장이 장대한 자들이며 거기서 네피림 후손인 아낙 자손의 거인들을 보았나니 우리는 스스로 보기에도 메뚜기 같으니 그들이 보기에도 그와 같았을 것이니라."

Numbers 13:30-33

Then Caleb silenced the people before Moses and said, "We should go up and take possession of the land, for we can certainly do it." But the men who had gone up with him said, "We can't attack those people; they are stronger than we are." And they spread among the Israelites a bad report about the land they had explored. They said, "The land we explored devours those living in it. All the people we saw there are of great size. We saw the Nephilim there (the descendants of Anak come from the Nephilim). We seemed like grasshoppers in our own eyes, and we looked the same to them."

●

사람들이 모이면 제일 많이 하는 이야기가 '돈과 경제'에 대한 이야기입니다.
When people gather, they mostly discuss money or the economy.

주님이 없는 세상 사람들은 그저 돈이 최고고 돈만 있으면 된다고 생각합니다.
Non-believers believe having a lot of money equates to success and that all problems will be solved with enough money.

돈이 최고의 가치요, 우상인 것입니다. 그렇다면 예수님을 믿는 우리는 어떻게 살아야 합니까?
Money becomes their idol. If so, how should we live as believers of Jesus?

우리도 세상 사람들처럼 똑같이 아우성치며 돈을 추구해야 합니까? 사실 돈 때문에 세상을 살아가는 동안 이런저런 고난과 역경과 고통의 위기를 한 번이라도 안 당한 사람이 없습니다.

Do we also have to pursue money like the rest of the world? Honestly, money causes a lot of suffering and problems.

야곱이 말한 대로 인생은 짧지만, 힘들고 어렵습니다. 그래서 성공한 인생을 살기 위해서는 나름대로 승부수를 띄워야 합니다.

As Jacob said, life is short and difficult. So we must be more disciplined in order to be successful.

믿지 않는 사람보다 열 배 그리고 백 배 더 노력해야 합니다.

As believers, we must try much harder than non-believers.

그런데 기독교인인 우리는 세상 사람들과는 다른 방법을 사용해야 합니다. 우리는 하나님을 믿는 사람들입니다.

As Christians, we should live differently from the people of the world. We are people who believe in God.

그 하나님을 향해서 믿음으로 승부해야 합니다. 과거 이스라엘 백성이 믿었던 그 하나님께서는 지금도 우리의 하나님이십니다.

Towards our God, we need to be victorious in faith. The God whom the Israelites believed in the past is still our God.

아브라함이 믿었던 그 하나님을 우리도 믿습니다. 아브라함이 믿었던 하나님은 어떤 분입니까?
We believe in the God that Abraham believed. Who is the God that Abraham believed in?

"죽은 자를 살리시는 하나님, 없는 것을 있는 것처럼 부르시는 하나님, 약속하신 것을 능히 이루시는 하나님"이십니다.
"God who raises the dead, God who calls what is not, and God who can fulfill what you promised."

다니엘이 믿었던 그 하나님을 우리도 믿습니다. 다니엘은 바벨론의 포로로 잡혀갔지만,
We believe in the God that Daniel believed. Daniel was taken captive in Babylon,

지극히 높으신 하나님, 예전부터 계신 그 하나님을 믿었기에 환경을 초월했습니다. 죽음을 초월한 것입니다.
but he survived because he believed in the God of the Most High. He overcame death.

그렇습니다. 우리가 믿는 하나님께서는 과거 이스라엘의 하나님이시고 신앙의 기라성 같은 영웅들과 함께하셨던 하나님이시며
That's right. Believe that the God we believe is the God, who

was with the heroes of Israel and the heroes of the faith.

지금도 틀림없이 살아계신 하나님이신 줄로 믿습니다. 그렇습니다. 우리가 신앙생활을 하면서
He is surely a living God. That's right. When asked about what faith is,

어떤 이상적인 세계, 정신적인 세계, 감상적인 세계, 다시 말해서 한 차원 다른 그 어떤 3차원 세계 속에서 믿음을 정의하려고 합니다.
we try to define faith in an ideal, mental, or other dimensional ambiguous state.

그러나 초대 교회를 성실하게 목회했던 야고보 사도는
However, James, an apostle who ministered to the early church,

믿음은 그렇게 추상적인 것이 아닌 생활, 즉 행함을 통한 실천이 있어야 한다면서 행동하는 믿음을 강조했습니다.
emphasized that faith is not so abstract, but that it should be practiced in daily life.

그렇습니다. 우리 인간들이 무엇을 믿고 사느냐에 따라 그 생활

과 행위가 달라지는 것입니다.

That's right. Our life and ways of living depend on what human beings believe.

차원이 높은 하늘을 우러러보고 사는 사람은 자연스럽게 그의 생활도 고상해지고 품위 있고 향상하게 되는 것입니다.

The life of a person who looks up to the sky is lifted, dignified, and improved.

하지만 저속한 이 세상만 바라보는 사람은 그 생활도 천박하게 됩니다. 그래서 야고보는 우리의 믿음에 행위가 나타나야 온전한 믿음이 된다고 했습니다.

But those who look at the world only will live an obscure life. So James said that in our life it must be full of faith.

말로만 고백하는 믿음이 아니라 그 생활 속에 행위가 나타나야만 성숙한 믿음이 된다는 것입니다.

Faith is not a belief that is confessed by only words, but rather appears when one's faith matures.

그래서 행위가 없는 믿음은 죽은 믿음이라고 했습니다. 그렇습니다. 믿음이 원인이라고 하면 행위는 그 결과입니다.

So, faith without action is called dead faith. That's right. When faith is involved, action is the result.

믿음이 뿌리라면 행위는 열매인 것입니다. 열매가 없는 나무는 쓸모가 없습니다. 예수님께서는 열매 없는 무화과나무를 저주하셨습니다.

If faith is the root of the tree, the subsequent action is its fruit. A tree without fruit is useless. For example, Jesus cursed the fruitless fig tree.

좋은 나무는 반드시 아름다운 열매를 맺게 되는 것입니다. "너희가 열매를 많이 맺으면 내 아버지께서 영광을 받으실 것이요

A good tree is sure to make beautiful fruit. "This is to my Father's glory, that you bear much fruit,

너희는 내 제자가 되리라(요 15:8)." 그렇다면 좀 더 구체적으로 믿음이라는 것이 무엇입니까?

showing yourselves to be my disciples." What is this specific faith?

현대 기독교인 중에는 '파지티브 싱킹(긍정적인 사고방식)', 즉 적극적인 사고방식이 믿음이라고 생각하는 분이 많이 있습니다.

Among modern Christians, 'Positive Thinking' is what many people think faith is.

"나는 할 수 있다. 우리는 무엇이든지 할 수 있어"라는 자기 암시적인 신념을 믿음이라고 생각하는 분들이 있습니다.

There are those who think that self-imposed belief is faith, "I can do it, we can do anything."

그런데 그것은 믿음이 아닙니다. 생각이나 신념에는 대상이 없습니다.

But that is not faith. There is no object in thought or belief.

그러므로 긍정적 사고가 곧 믿음은 아닙니다. 내 주관적 의지가 믿음이 아닌 것입니다. 그것은 고집입니다.

So positive thinking is not faith. My subjective will is not faith. It is stubbornness.

다시 말해서, 그저 심리학적이며 자기최면적인 긍정의 힘을 강조하는 것은 성경적이지 않습니다.

In other words, it is not biblical to just emphasize the psychological power of positivity and self-empowerment.

물론 믿음에는 긍정적인 사고가 중요합니다. 믿음이 있는 사람은 긍정적 사고를 하게 됩니다.

Of course, positive thinking is important to one's faith. A person with faith has a positive mind.

그렇지만 신앙과 신념은 분명히 구별해야 합니다. 왜냐하면 신앙에는, 믿음에는 분명한 대상이 있기 때문입니다.

But faith and belief must be clearly distinguished. Because with faith, there is a clear object.

그런데 신념에는 대상이 없습니다. 현대 교인 중에는 자기가 무엇을 믿는지 제대로 알지 못하면서 그저 "무조건 믿습니다" 하는 사람도 있습니다.

But in belief there is no object. Some believers do not even know what they believe, and others just blindly believe.

그러나 우리는 우리가 믿는 믿음의 대상인 하나님이 어떤 분인지를 분명하게 알고 믿어야 합니다.

But we must clearly know and believe that God is the object of our faith.

그래서 아브라함은 이렇게 말했습니다. "기록된바 내가 너를 많은 민족의 조상으로 세웠다 하심과 같으니 그가 믿은바

Abraham said, "As it is written: 'I have made you a father of many nations.' He is our father in the sight of God,

하나님은 죽은 자를 살리시며 없는 것을 있는 것으로 부르시는 이시니라(롬 4:17)."

in whom he believed - the God who gives life to the dead and calls into being things that were not."

그렇습니다. 아브라함이 믿은 바가 무엇입니까? 아브라함이 누구를 믿었습니까? 자기 머리를 믿었습니까?
That's right. What is Abraham believing in? Whom did Abraham believe in? Did he believe in his own knowledge?

자기 힘이나 젊음 아니면 건강을 믿었습니까? 자기가 가지고 있는 물질을 믿었습니까?
Did he believe in his own strength, youth, and health? Did he believe in the worldly possesssions and materials he had?

자기 재주나 경험을 믿었습니까? 아닙니다. 아브라함이 믿었던 분은 하나님이십니다. 유일하신 분 야훼 하나님이십니다.
Did he believe in his talents or experiences? No. Abraham believed in God. The only one is Yahweh God.

일찍이 사도 바울은 믿음을 이야기할 때 아브라함을 예로 들면서 아브라함이 가졌던 믿음이 참믿음, 이길 수 있는 믿음, 성공할 수 있는 믿음 그리고 기적을 가져오는 믿음이라고 했습니다.
Early on, the apostle Paul described Abraham's faith as the true faith - one that can be victorious in all circumstances.

단순히 복 받아서 아들딸 낳고 잘 먹고 잘 살았다는 옛날이야기를 하는 것이 아니라

This is not just an old tale of having babies, living and eating well,

오늘날에도 세상을 살다 보면 어렵고 힘든 일을 많이 만나게 되는데 그때마다 아브라함처럼 나름대로 믿음으로 승부수를 띄워야 합니다.

but as we live in the world today, we face a lot of difficult things, and we must have faith like Abraham.

그냥 앉아서 당하면 안 되잖아요. 우리가 원하는 일은 아니지만, 어차피 당한 일이라면 피하지 말고 믿음으로 한번 부딪혀보는 겁니다!

We cannot just sit idle; if it is something we cannot avoid, let's face it with faith!

아브라함이 믿었던, 다니엘이 믿었던, 요셉이 믿었던 그리고 다윗이 믿었던 그 하나님을 우리도 믿어야 합니다.

We must believe in the God whom Abraham, Daniel, Joseph and David believed.

일찍이 하나님께서 "내가 너를 많은 민족의 조상으로 세웠다"라

고 하셨습니다.

Early on, God said, "I have made you a father of many nations."

그런데 지금 아브라함의 현실은 그가 백 세나 되어 자기 몸이 노화했고 사라의 태가 죽은 것 같았습니다. 다 끝났다는 이야기 아닙니까?

But Abraham was 100-years-old and Sarah's body had aged as well. Was this not the end for her child-bearing years?

원문에는 현재완료 형으로 썼는데 이미 죽은 것과 마찬가지라는 것입니다. 즉, 아기를 낳을 수 없다는 뜻입니다.

The original text says it is now complete, but it actually means already dead. Sarah could not bear a baby.

그런데 그다음이 중요합니다. "끝났음을 알고도 믿음이 약하여지지 아니하고 …." 이것이 무슨 말입니까?

But the next one is important. "Without weakening in his faith…" What does this mean?

하나님께서 약속하셨지만, 현실은 불가능했습니다. 그렇지만 아브라함은 믿음이 약해지지 않고 의심하지 않았습니다.

God had made a promise, but the situation was impossible.

However, Abraham was not weakened in faith and did not doubt.

오히려 믿음으로 견고하여져서 하나님께 영광을 돌리고 약속하신 그것을 이루실 줄로 확신하였으니
Rather, he remained firm in faith, glorified God, and was convinced that God would accomplish what He had promised,

하나님께서 그것을 의로 여기셨다고 했습니다. 그렇습니다. 아브라함은 자기가 믿는 하나님께서는 죽은 자를 살리시는 하나님이신 것을 믿었습니다.
that God had considered it righteous. That's right. Abraham believed that the God he believes is the God who raises the dead.

그래서 아브라함은 하나님을 향하여 뜨거운 믿음을 고백합니다. "바랄 수 없는 중에 바라고 믿었으니 … (롬 4:18)."
So Abraham held a passionate faith toward God. "Against all hope, Abraham in hope believed…"

그렇습니다. 아브라함은 바랄 수 없는 중에 바라고 믿었습니다.
That's right. Abraham believed in what he could hope for.

아무리 세상이 어려워도 없는 것을 있는 것 같이 부르시는 하나님이신 것을 믿었기 때문에 그는 낙심치 않았습니다. 실망치 않았습니다.

He did not despair because he believed that God can do the impossible. He did not worry.

절망 가운데서도 꿈과 소망이 넘쳤습니다. 심리학자 윌리엄 제임스는 "인간이 가지고 있는 가장 중요한 원동력은 믿음이다"라고 말했습니다.

He was full of dreams and hopes. Psychologist William James said, "The most important driving force of man is faith."

그러므로 믿음이 없이는 행복할 수 없습니다. 믿음이 없이는 성공할 수 없습니다. 믿음은 최고의 에너지입니다.

Therefore, without faith, we cannot be happy. Without faith, we cannot succeed. Faith is the best source of energy.

이스라엘 백성이 애굽에서 종살이하다가 하나님의 은혜로 자유와 해방을 맞이했습니다.

The people of Israel were enslaved in Egypt, but they were given liberty by the grace of God.

모세의 인도로 애굽에서 나와 시내 광야를 지나

They came out of Egypt with the guidance of Moses, and passed through the wilderness in Sinai

바란 광야 가데스라는 곳에 도착했습니다. 가데스라는 곳은 하나님께서 약속하신 축복의 땅,
to a place called Kadesh in the wilderness of Paran. Kadesh was a land of blessing promised by God,

젖과 꿀이 흐르는 가나안에서 얼마 멀지 않은 곳입니다.
not far from Canaanite, the land of milk and honey.

거기에서 모세는 열두 지파 중 족장 한 사람씩 열두 명을 뽑아서 앞으로 들어갈 가나안 땅에 정탐꾼으로 보냈습니다.
From there Moses chose twelve persons from the twelve tribes, each to be a spy in the land of Cannaan.

그리고 그들은 40일 동안 이곳저곳을 둘러보고 돌아와 느낀 것을 지도자 모세와 이스라엘 백성 앞에서 보고했습니다.
And they looked around for 40 days and returned to report what they had seen to Moses and the Israelites.

그들은 모두 이스라엘 민족, 각 지파의 지도자들입니다. 그런데 그들이 정탐하고 와서 보고하는 내용은 너무 달랐습니다.

They were all Israelites, leaders of each tribe. But what they reported was so different.

여러분이 잘 아시는 대로 여호수아와 갈렙은 믿음으로 정탐을 하고 믿음으로 보고를 했습니다.
As you well know, Joshua and Caleb reported what they saw in faith.

하지만 나머지 열 명은 인간적인 시각으로 정탐을 하고 낙심과 절망적인 보고를 했습니다.
However, the remaining ten people saw and gave negative reports about the land.

왜 그랬습니까? 하나님을 믿는 믿음의 차이입니다. 이 믿음 때문에 저들의 인생이 완전히 달라졌습니다.
Why did they do that? It is a matter of difference in faith to God. This faith has made their lives completely different.

그렇다면 열 명의 정탐꾼은 왜 믿음으로 보지 못했을까요? 그들도 여호수아 갈렙 처럼, 출애굽부터 지금까지
So why did the ten spies not have faith? They too, like Joshua and Caleb, had seen and experienced many events since the Exodus

하나님의 은혜, 하나님의 사랑과 하나님께서 이루신 기적을 많이 보고 체험했습니다. 그런데 왜? 왜 믿음이 없는 모습을 보였을까요?

and had experienced the grace and love of God through miracles. What did they lack?

그들은 모두 그곳에서 그 땅의 강한 거주민과 크고 견고한 성읍과 아낙 자손(네피림후손: 거인들)들을 보았으며 아말렉, 여부스, 아모리 등 싸움 잘하고 힘센 자손들을 동일하게 보았습니다.

They only saw the children of their enemies, the Anak, the Amalekites, the Jebusites, and the Amorites, and who all looked good and strong.

여기서 "과연"이라는 믿음의 말과 "그러나"라는 불신앙의 말에는 엄청난 차이가 있습니다.

There is a tremendous difference between the word "nevertheless" in faith and "but" without faith.

처음엔 믿음의 말을 했다가 나중엔 불신앙으로 뒤집혀버립니다. 그렇습니다. "과연 하나님이 말씀하신 대로 그곳은 젖과 꿀이 흐르는 축복의 땅입니다."

At first, faith is talked about but later it turns to disbelief. Yes! "This is the land of blessing where milk and honey flow, as

God has said."

그렇게 말했으면 그다음의 말은 당연히 "언제나 우리와 함께하시는 그 하나님을 믿는 믿음으로 들어갑시다"라고 해야 하는데
If so, then the next word should of course be "Let's go with faith that believes in God who is always with us."

그들은 그렇게 하지 않았습니다. 그러면서 계속 보고하기를 "그들은 우리보다 강해서 우리는 능히 올라가서 그 백성을 치지 못합니다"라고 하면서
The ten did not. They continued to report, "We will not be able to go up and strike the people, for they are stronger than we."

이스라엘 자손 앞에서 그 정탐한 땅을 악평하였습니다. 저주의 땅이라고 믿음의 반대가 되는 결론을 내린 것입니다. 그렇다면 그들은 왜 이런 불신앙적인 보고를 했습니까?
One said, "I have come to the conclusion that the land is cursed." Why did they report this lack of faith?

그들이 말하는 보고 내용을 자세히 보면, 하나님의 이름이 나오지 않습니다. 하나님을 빼놓은 것입니다. 하나님이 없습니다.
When we look closely at what they said, God's name is not

mentioned. They had left God out. There was no God.

그들은 하나님을 잊었습니다. 그렇습니다. 인생을 살면서 그리고 신앙생활을 하면서 우리가 하나님을 빼면 믿음이 없는 것입니다.
They forgot God. That's right. In life, when we are separated from God in our spiritual walk, there is no faith.

젖과 꿀이 흐르는 좋은 땅은 바라볼 줄은 알았지만, 그들과 함께 하시고
They thought they could find good land where the milk and the honey flowed, but they did not remember to see God

그 땅으로 인도하시는 하나님은 보지 못했습니다. 하나님을 잊어버렸습니다. 그것이 불신앙입니다.
who was with them and first led them to the land. They had forgotten God. It was their disbelief.

기독교 윤리에서 '실천적 무신론자'라는 말이 있습니다.
In Christian ethics, there is the term 'practical atheist.'

이 말은 하나님이 계신다는 것은 관념적으로 믿고 있지만, 실제 생활에서는 하나님이 없는 것처럼 사는 사람을 칭합니다.

This is a person who believes in the idea that God exists, but lives as if there is no God.

옛날 어느 시골에 목탁 스님이 있었습니다. 그는 이집 저집 다니면서 먹을 것을 달라고 했는데
There was a Buddhist monk living in the old countryside. To eat, he went from house to house to find food.

그때는 집에서 "예수 믿는 집인데요"라고 답하면 그냥 갔다고 합니다. 그런데 스님이 최근 들어서는 그냥 지나치지 않는다고 합니다. "정말로 예수 믿습니까?"
He typically did not go to households where they believed in Jesus. But one day he went. He asked them, "Do you really believe in Jesus?"

그리고 주기도문을 외워보라고 한답니다. 하도 가짜 기독교인이 많아서 말입니다.
He asked them to recite the Lord's prayer. He asked because there are so many fake Christians today.

그렇습니다. 사실 우리는 교회에 나와서 예배를 드리고 기도하고 찬송하고 헌금은 드리지만, 우리 삶에서는 하나님이 계시지 않는 것처럼 마음대로 생활합니다.

Yes! We come to church to worship, pray, sing praise and give offerings, but in normal life we live like one who does not have God.

어쩌면 우리 모두가 전능하신 하나님께서 우리와 함께하시고 우리 삶에 간섭하시고 움직여 가신다는 이 사실을 얼마나 자주 망각하고 사는지 모릅니다.

We do not know how often we all forget the fact that the Almighty God is with us, intervening with our lives daily.

그렇습니다. 우리가 믿는 하나님은 위대하신 하나님이십니다. 무엇이든지 하실 수 있는 전능하신 하나님이십니다.

That's right. The God we believe is the great God. He is the Almighty God who can do anything.

그 전능하신 하나님께서 우리와 함께하십니다. 우리를 도와주십니다. 그러니 기죽지 마세요. 기운을 내세요. 힘을 내세요. 그 어떤 경우에도 하나님께서 함께하시며 하나님께서 은혜 주시면 됩니다.

The Almighty God is with us. He helps us. Cheers us up. In any circumstance, God is with us and God is gracious.

어떤 개척교회가 학교를 빌려서 예배를 드리자니 돈이 없어서 공원에서 예배를 드리는데 늘 비가 오지 않도록 온 성도가 기도 했습니다.

There once was no money for a newly founded church to rent a school and worship, so all the members prayed in the park that it would not rain.

그런데 가랑비가 오더니 소나비가 왔습니다. 교인들은 화가 났습니다. 그들은 하나님께 물었습니다. "왜 비가 오는 겁니까?"

But the rain came. The members got angry. They asked God. "Why is it raining?"

그때 하나님께서 되물으셨습니다. "너희들은 왜 내 임재와 내가 주는 은혜를 위해 기도하지 않았니?"

Then God responded, "Then why did you not pray for my presence and grace?"

하나님의 임재와 은혜를 위해 기도해야 합니다. 비 오는 것이 문제가 아니라 하나님의 임재가 중요한 것입니다.

Pray for God's presence, his grace. Rain is not the problem, but whether God is with us.

하나님께서 우리와 함께하시는데 설사 비가 와도 어떻습니까? 하나님께서 우리와 함께하시는데 설사 소나기가 와도 어떻습니까? 아무것도 염려하고 걱정할 필요가 없습니다.

If God is with us, who cares if it rains or showers? There is nothing to worry about.

우리가 믿는 하나님은 전지전능하신 위대하신 하나님이십니다. 질병이 문제가 아니고 물질이 문제가 아닙니다.

The God we believe is the all-powerful great God. Disease is not the problem; material goods are not the problem;

우리의 환경이 문제가 아닙니다. 전능하신 하나님의 임재가 중요한 것입니다. 그 하나님께서 다 해결해 주실 수 있습니다. 믿으시면 "아멘!" 하십시오.

the environment is not the problem. We have a God who is almighty. God can solve everything. Say "Amen" if you believe!

그렇습니다. 믿음으로 사는 사람들은 육신적으로 눈에 보이는 것만 바라보고 사는 것이 아닙니다.

That's right. Those who live in faith are not just looking at what is present physically.

영적으로 언제나 우리와 함께하시며 우리를 돕고 계시는 하나님을 바라볼 수 있어야 합니다.

We must be able to see God who is spiritually always with us and who is helping us.

어느 날, 이스라엘 백성이 블레셋과 싸울 때 겁에 질려 벌벌 떨고 있었습니다.
One day, the Israelites were trembling when they were fighting the Philistines.

왜냐하면 유명한 장수인 골리앗 장군 때문이었습니다. 이스라엘 백성은 평상시에는 하나님을 잘 믿었습니다.
This was because of the famous Goliath. The Israelites typically believed God well in everyday life.

야훼 하나님, 엘로힘 하나님, 엘샤다이 하나님, 감사 찬송 영광을 받으소서. 여호와의 이름에 송축을 드립니다.
Yahweh God, Elohim God, El shaddai, receive the glory of praise. We will bless you in the name of the LORD.

그런데 막상 전쟁이 일어나니까 그들은 하나님을 잊어버렸습니다. 특별히 소문을 들었던 그 유명한 골리앗 장수가 나타나니까
However, because of the war, they forgot about God. They only saw the famous Goliath, a giant soldier rumored to be particularly violent with his enemies;

하나님은 전혀 보이지 않고 눈앞에 나타난 무서운 골리앗만 보였습니다. 그래서 이스라엘 백성은 두려웠습니다. 겁이 났습니다. 그래서 어쩔 줄 몰랐습니다.
they did not see God at all. So the Israelites were afraid. They were terrified. They did not know what to do.

그들은 실망하고 포기했습니다. 그렇지만 하나님을 믿는 믿음으로 살았던 다윗은 달랐습니다.
They were disappointed and gave up. But David, who lived with faith in God, was different.

무서워서 벌벌 떠는 형들에게 다윗이 뭐라고 합니까? "내가 나가서 저 할례 받지 아니한 골리앗을 무찌르겠습니다."
What did he say to his brothers who were scared? "I will go out and destroy the uncircumcised Goliath."

그 소리를 듣고 다윗의 큰형 엘리압이 다윗을 교만하고 완악하다고 화를 냈습니다.
When he heard his voice, Eliab, David's older brother, was angry and thought that David was arrogant and stubborn.

다윗이 교만했습니까? 다윗의 마음이 완악해서 전쟁을 구경하러 왔습니까? 아닙니다. 다윗의 용기는 전능하신 하나님을 믿는 신앙에서 나온 것입니다.

Was David too proud? Was David overconfident? No. His courage came from his faith in the God Almighty.

다시 말해서, 지금 다윗은 골리앗만 본 것이 아니라 지금도 자기와 함께 하시는 만군의 하나님을 보았습니다.

In other words, David had not only seen Goliath, but also the God who was with him.

골리앗은 작게 보이고 하나님은 크게 보였습니다. 그는 세상 사람들이 두려워하는 골리앗이 시시하게 보였습니다.

To David, Goliath appeared small and God was bigger. Goliath seemed weak.

"오늘 여호와께서 너를 내 손에 넘기시리니 내가 너를 쳐서 네 목을 베고 … 온 땅으로

"This day the Lord will deliver you into my hands, and I'll strike you down and cut off your head and the whole world

이스라엘에 하나님이 계신 줄 알게 하겠고(삼상 17:46)." 이렇게 말하고 나서 물맷돌을 던져 골리앗의 이마를 쳤고 그는 땅에 엎드러졌습니다.

will know that there is a God in Israel." Then David threw a stone toward the forehead of Goliath, and Goliath fell on the ground dead.

이렇게 쉬운 싸움이 또 있을까요? 하나님 이름 몇 번 부르고 이긴 것입니다. 이게 믿음입니다.

How easy was this fight? He called God's name a few times and won. This is faith.

그러므로 믿음으로 승부하시기를 축원합니다. 믿음의 승리는 항상 쉽게 보이는 것입니다.

Therefore, I pray that you fight in faith. The victory of faith is always easy to see.

그렇습니다. 믿음이 있는 사람들은 모든 일이 쉽습니다. 그래서 할 수 있다는 생각을 가지고 행동하세요! 왜요? 하나님께서 도와주시니까요.

That's right. It is easy for those who have faith. So if you can, let's do it! Why? God will help.

그러나 믿음이 없는 사람은 모든 일을 열 명의 정탐꾼처럼 자기 생각대로 판단합니다.

But a man without faith judges everything like the ten spies.

그리고 안 된다고 합니다. 그것은 틀렸고 할 수 없다고 하면 모든 일이 어렵게 됩니다.

He will say it will not work. It is wrong. We cannot do it, making everything difficult.

그렇습니다. 때때로 하나님께서는 우리가 볼 때 할 수 없고 불가능한 일도 하라고 하실 때도 있습니다.

That's right. Sometimes God tells us to do what we cannot do.

"홍해를 건너라." "요단강을 건너라." 그런데 그냥 물에 들어가면 어떻게 됩니까? 그게 그렇게 어렵습니까?

"Cross the Red Sea." "Cross the Jordan River." What happens if you just enter the water? Is that so difficult?

들어가면 빠져서 죽지요. 그런데 들어가라는 것입니다. "여리고 성을 무너뜨려라." 그 견고한 성을 무엇으로 무너뜨려야 무너집니까?

We might die. But we are asked to enter. "Break down the city of Jericho." How could such a strong city be destroyed?

쉬운 것이 아닙니다. 일반적으로 우리의 생각으로는 안 되는 이야기입니다. 그럼에도 불구하고 하나님께서 말씀하시면 불가능이 없는 줄로 믿습니다.

It's not easy. This is not how we usually think. Nevertheless, believe that when God speaks, nothing is impossible.

하나님께서 도와주시면 안 될 것이 뭐가 있습니까? 그저 "아멘" 하고 믿음으로 순종하면 될 줄로 믿습니다.
What can God do for you? All we need to do is just to obey, say "Amen," and have faith.

거기에 무슨 인간적 지식이나 계산이 필요합니까? 거기에 무슨 인간적인 경험과 노하우가 필요합니까?
What human knowledge do we need here? What human experience and know-how do we need?

그렇습니다. 하나님께서 축복의 땅을 주시겠다고 하시면 거기에 어떤 힘 있는 사람이 살든, 살지 않든 상관없습니다.
Yes! If God tells us that He will give us a land of blessing, whether a powerful army lives there or not, it does not matter.

그곳의 성읍이 높든, 낮든, 그것도 상관없습니다. 하나님께서 말씀하시면 끝입니다.
Whether the city is high or low, that is not the problem either. When God speaks, that is it.

하나님의 능력이 붙들어 주시면 인도해 주실 줄로 믿습니다. 그것이 여호수아와 갈렙의 믿음입니다.

Believe that the power of God will lead us if we hold on. That is the faith of Joshua and Caleb.

"갈렙이 모세 앞에서 백성을 조용하게 하고 이르되 우리가 곧 올라가서 그 땅을 취하자 능히 이기리라 … (민 13:30)."

"Then Caleb silenced the people before Moses and said, 'We should go up and take possession of the land, for we can certainly do it.'"

얼마나 멋진 믿음의 말입니까? 믿음으로 승부하면 이긴다는 겁니다. 그들에겐 확신이 있었습니다.

How wonderful is his faith! If we fight in faith, we will win. They were determined.

여호수아와 갈렙은 하나님을 믿는 믿음으로 항상 승부를 걸었습니다. 그래서 그들에게는 자신이 있었습니다. 힘이 있었습니다.

Joshua and Caleb did everything with faith in God. So they had confidence. There had power.

여호수아와 갈렙이 열 명의 정탐꾼과 다른 것이 바로 이것입니다. 믿는 마음입니다.

This is how Joshua and Caleb were different from the ten spies. It was their hearts of faith.

마음이 다르니 말이 달랐습니다. 행동이 달랐습니다. 그래서 그들은 하나님을 끊임없이 찾았습니다.
They had different minds, and their worlds were different. The behavior was different. They constantly found God.

그들은 하나님을 믿고 모든 일을 믿음으로 승부합니다. 하나님께서 뭐라고 하셨습니까? "내 종 갈렙은 그 마음이 그들과 달라서 나를 온전히 따랐은즉
They believed in God and did everything in faith. "My servant Caleb has a different spirit and follows me wholeheartedly,

그가 갔던 땅으로 내가 그를 인도하여 들이리니 그의 자손이 그 땅을 차지하리라(민 14:24)."
I will bring him into the land he went to, and his descendants will inherit it."

그렇습니다. 하나님을 믿는 믿음으로 승부하며 사는 사람은 현실이 문제 되지 않습니다. 우리에게 있는 그 어떤 어려움도 문제 되지 않습니다.
Yes! To those who live by faith in God, reality does not really

matter. Any difficulty for us is not a problem.

때로는 믿음이 없는 사람들이 돌로 쳐 죽이려 했을 때 하나님의 영광이 나타나서 그들을 보호해 주었습니다.
Sometimes when unbelievers tried to stone and kill Christians, the glory of God appeared and protected them.

하나님께서 그들의 편이 되어 주었습니다. 애굽의 총리를 지낸 요셉은 파란만장한 인생을 살았습니다.
God had been on their side. Joseph, the prime minister of Egypt, lived a life with challenges.

이유 없이 형들이 그를 미워했습니다. 그에게 죄가 있었다면 아버지께 사랑을 많이 받았다는 것밖에 없었습니다.
His brothers hated him for no reason. If there was a sin, it was because his father loved him more than his brothers.

사랑받는 것이 죄는 아니지 않습니까? 그리고 그는 꿈 때문에 많은 고난을 당합니다.
Is it sin to be loved? He suffered many hardships because of his dreams.

그는 장사꾼들에게 팔리고 보디발 장군의 집에 노예가 되어 종살이를 했습니다.

He was sold to merchants and became a slave in the house of Potiphar.

그리고 억울하게 감옥살이를 합니다. 그러나 그는 형통했습니다. 하나님께서 복을 주신 것입니다. 왜 그렇습니까? 요셉은 하나님을 믿는 믿음으로 인생을 승부했기 때문입니다.

And he was unjustly imprisoned. However, he prospered. God blessed him. Why? Joseph had a life of faith in God.

그렇습니다. 우리의 인생사에는 여러 가지 어려움이 있습니다. 수많은 난관이 있습니다.

That's right. We endure many difficulties in life. We will face many challenges.

깊은 강도 있을 수 있고 높은 성도 있을 수 있고 불가능해 보이는 일도 있을 수 있고 힘센 아낙 자손들도 있을 수 있습니다.

There will be deep rivers and mountains to cross, and things may seem impossible.

그렇지만 세상을 두려워하지 마세요. 담대한 믿음을 가지고 사십시오. 그럴 때마다 하나님을 믿는 믿음으로 승부하시기 바랍니다.

But do not be afraid of this world. Live with bold faith. Whatever we do, we need to believe in God.

" … 너희가 환난을 당하나 담대하라 내가 세상을 이기었노라(요 16:33)."

"In this world you will have trouble. But take heart! I have overcome the world."

사랑하는 성도 여러분! 여호수아와 갈렙처럼 믿음으로 승부하여 승리하시기를 주님의 이름으로 축원합니다.

Beloved believers! I hope you all will live victoriously with faith like Joshua and Caleb.

BILINGUAL
GOSPEL SERMONS
IN REFORMED
THEOLOGICAL
FOUNDATIONS

뜻을 이루어라
Accomplish Your Goals

빌립보서 2장 12-16절

"그러므로 나의 사랑하는 자들아 너희가 나 있을 때뿐 아니라 더욱 지금 나 없을 때에도 항상 복종하여 두렵고 떨림으로 너희 구원을 이루라 너희 안에서 행하시는 이는 하나님이시니 자기의 기쁘신 뜻을 위하여 너희에게 소원을 두고 행하게 하시나니 모든 일을 원망과 시비가 없이 하라 이는 너희가 흠이 없고 순전하여 어그러지고 거스르는 세대 가운데서 하나님의 흠 없는 자녀로 세상에서 그들 가운데 빛들로 나타내며 생명의 말씀을 밝혀 나의 달음질이 헛되지 아니하고 수고도 헛되지 아니함으로 그리스도의 날에 내가 자랑할 것이 있게 하려 함이라."

Philippians 2:12-16

Therefore, my dear friends, as you have always obeyed-not only in my presence, but now much more in my absence-continue to work out your salvation with fear and trembling, for it is God who works in you to will and to act according to his good purpose. Do everything without complaining or arguing, so that you may become blameless and pure, children of God without fault in a crooked and depraved generation, in which you shine like stars in the universe as you hold out the word of life--in order that I may boast on the day of Christ that I did not run or labor for nothing.

옛날 사람이나 요즘 사람이나 부자나 가난한 사람이나 모두에게 공통된 욕망이 있습니다. 그것은 바로 마음의 평안과 행복한 삶입니다.

There is a common desire whether one is old, young, rich, or poor. It is to have peace of mind and to live a happy life.

기독교에서는 마음의 평안과 행복한 삶을 마음의 천국이라고 합니다.

In Christianity, this desire can be described as obtaining "heaven in the mind or heart."

그런데 그 마음의 평안과 행복은 어디에서 옵니까? 그것은 우리 마음의 자세로부터 비롯합니다.

But how does one obtain this peace and happiness? It begins with our attitude.

돈이 없어도, 명예가 없어도, 건강이 없어도 마음의 자세에 따라서 참 평안과 행복을 느낄 수 있는 것입니다.

Even if we do not have money, honor, or health, we can have peace and happiness based on our attitude and having a healthy heart.

그렇습니다. 우리의 마음은 중요합니다. 마음의 자세에 따라서 생활도 변합니다.

That's right. Our heart is important. Life changes according to the attitude of our heart.

그 마음의 자세에 따라서 축복이 될 수도 있고 저주가 될 수도 있습니다. 그러므로 기독교 진리는 무엇보다도 우리 인간의 마음이 변해야 하는 것에 중점을 둡니다.

Depending on the attitude of the heart, it can be a blessing or a curse for the person. Therefore, as Christians, we must change our hearts to align with our beliefs.

돛단배는 바람의 방향과 상관없이 돛의 방향을 어떻게 잡느냐에 따라 그 배가 동쪽이나 서쪽으로 갈 수 있습니다.

A sailboat is at the mercy of the winds - it can travel in any direction depending in which direction the wind blows, and the sailor adjusts the sails accordingly.

인간의 삶도 마찬가지입니다. 마음먹기에 따라서, 마음의 자세에 따라서 성공할 수도 있고 실패할 수도 있습니다.

The same is true for human life. Depending on your mindset, you will succeed or fail.

그런데 그 마음의 자세는 하나님을 믿는 신앙으로 바로 잡힙니다. 믿음으로 마음의 자세를 다스릴 수 있습니다. 그 신앙은 회개를 전제하고 있습니다.

Luckily, one's attitude can be corrected by having faith in God. Faith can govern the attitude of the heart and its general well-being. Faith also gives rise to repentance.

회개하라는 말은 삶의 방향을 바꾸라는 것입니다. 지금까지 잘못 살아왔던 삶을 완전히 바꾸어 버리라는 것입니다.

To repent is to change the direction of one's life. It is to acknowledge and completely reject the sinful lifestyle from before.

부정적인 삶, 어두운 삶, 실패한 삶, 죄악 된 삶, 세상에 유혹되고 사탄이 좋아하는 삶을 바꾸어서 긍정적인 삶, 빛의 삶, 성공의 삶, 축복의 삶, 하나님께서 좋아하시는 구원의 삶을 살아가라는 것입니다.

Even a dark sad life, filled with failures, regrets, and sin can be changed into a life full of blessings and successes.

그렇다면 어떻게 해야 그렇게 살아갈 수 있습니까?
So how can you live as such?

1. 하나님만 두려워하고 세상은 두려워하지 말아야 합니다.
1. We should fear only God and not the world.

"항상 복종하여 두렵고 떨림으로 너희 구원을 이루라(빌 2:12)."
"Continue to work out your salvation with fear and trembling."

높은 이상과 꿈이 있을수록 문제는 더 커집니다. 여러 가지 문제 때문에 우리의 꿈을 쉽게 이룰 수 없습니다.
The bigger the dream, the more difficult it is to achieve and more problems typically occur. As a result, we cannot easily achieve our dreams.

꿈을 이루기 위해서는 여러 가지 문제와 난관과 시련을 이겨야 합니다. 그것은 하나의 우주 법칙입니다.
To achieve our dream, we must overcome various problems, challenges, and trials. This is a basic principle.

그러므로 우리가 세상을 두려워하지 않고 신앙을 가지고 정면으로 도전할 때, 문제들이 해결되고 우리의 뜻이 이루어지는 것입니다.

Therefore, when we face our challenges with faith without fearing the world, our problems will be solved and our will is going to be accomplished.

창세기에서 처음으로 "두려움"이라는 단어가 나옵니다. 하나님께서 천지 만물을 창조하시고 이렇게 말씀하셨습니다.

The word "fear" appears for the first time in Genesis. God created everything in heaven and earth and said,

"선악을 알게 하는 나무의 열매는 먹지 말라 네가 먹는 날에는 반드시 죽으리라 하시니라(창 2:17)."

"But you must not eat from the tree of the knowledge of good and evil, for when you eat from it you will certainly die."

아담에게 말씀하셨는데 아담이 그 말씀을 믿지 않고 그만 선악과를 따 먹었습니다. 따 먹고 난 후에 죄지은 것을 깨닫고 하나님 앞에 숨었습니다.

He spoke to Adam, and he did not obey the word. After eating, he realized that he had sinned and hid himself before God.

왜요? 하나님께서 그를 기뻐하시지 않을 것을 알았기 때문입니다. 드디어 하나님께서 "아담아, 네가 어디 있느냐?" 하시며 찾으셨을 때 아담은 두려워서 숨었다고 했습니다.
Why? Because he knew that God was not pleased with him. Finally, when God asked, "Where are you?" Adam said he was afraid and hid.

책망과 심판에 대한 두려움입니다. 그러니까 두려움의 근원은 죄입니다. 하나님의 말씀을 믿지 않은 죄에 대한 심판이 두려움입니다.
It was his fear of rebuke and judgment that led to sin. So the source of fear is sin. Fear is judgment for sin stemming from disobeying the word of God.

보통 심리학자들은 두려움을 단순한 심리학적인 현상으로 해석하는 경향이 있습니다만, 그것은 잘못된 것입니다.
Usually psychologists tend to interpret fear as a mere psychological phenomenon, but this is wrong.

두려움은 실재하는 것에 근거합니다. 두려워할 일이 있기에 두려워하는 것입니다. 그런데 문제는 화인 맞은 사람, 즉 죽은 사람입니다.
Fear is based on reality. We are afraid because we have

something to fear. But the problem is the person who is apathetic.

두려움이 없는 화인 맞은 사람은 이미 죽은 사람과 같다는 것입니다. 그는 제외된 사람이며 심판받은 사람입니다. 두려움은 마지막 보루입니다.

A man who is not afraid is like a dead man. They are those who are excluded and judged. Fear is the last stop.

만약 우리 마음에 두려움이 있다면, 우리가 아직 살아 있다는 증거입니다. 우리에게 두려워하는 마음이 있다는 것은 하나님을 두려워할 줄 안다는 뜻입니다.

If we still have fear in our hearts, it is proof that we are alive. If we have fear in our hearts, it also means we can have fear for God.

그렇습니다. 죄에 대한 심판, 무서운 사망의 저주, 그리고 지옥을 두려워하는 것이 바로 구원의 시작입니다.

That's right. Once we have the fear of the judgment of sin, death, and hell, that is the beginning of salvation.

경건의 시작입니다. 그리고 거룩의 시작입니다. 그러므로 두려움이 없다면 소망이 없는 죽은 심령이나 마찬가지입니다.

That is the beginning of godliness and holiness. Therefore, if we have no fear, it is like we have a dead spirit with no hope.

그런데 문제는 무엇을 두려워하는가입니다. 하나님을 두려워해야 합니다. 세상을 두려워하라는 것이 아닙니다.
But the problem is what do we fear. We must fear God. We should not fear the world.

사람들은 먹고사는 문제, 암에 걸리는 문제, 질병, 온갖 재난, 환란, 지진과 전쟁과 같은 것을 두려워합니다.
People are afraid of living and surviving and they fear cancers, diseases, disasters, and wars.

그러나 하나님을 믿는 우리는 이 세상의 여러 가지 일에 대해서는 두려워하지 말아야 합니다. 하나님만 두려워해야 합니다.
But we, who believe in God, should not be afraid of things in this world. We should only fear God.

막대기는 두려워하면서 막대기를 들고 계시는 하나님을 두려워하지 않으면 큰일입니다. 하나님께서 진노의 막대기를 잡고 계십니다. 그것을 두려워해야 합니다.
It is a problem if we fear the stick but do not fear God who is holding the stick. God holds the stick of wrath. We must be

afraid of Him.

그렇습니다. 세상에 대해 두려운 마음은 사탄이 주는 것이지 하나님께서 주시는 것이 아닙니다. 그리스도를 향한 믿음이 있을 때 우리는 두려움을 극복하고 이길 수 있습니다.

That's right. The fear of the world is produced by Satan, not by God. When we have faith in Christ, we can overcome fear.

"두려워 말라"는 말이 성경에 몇 번 나오는지 아시지요? 365번입니다. 매일 두려워하지 말라는 것입니다.

Do you know how many times it says in the Bible that "you should not be afraid?" 365 times. Every day, do not be afraid.

우리가 미국에 이민 와서 살다 보면, 옛날과 달리 많은 열쇠를 가지고 다닙니다. 집 열쇠, 자동차 열쇠, 사무실 열쇠 등 열쇠가 참 많은데 우리는 그것들이 소중합니다.

Living as immigrants in the United States, we typically carry a lot of keys. House keys, car keys, office keys, etc. Keys are valuable.

그런데 어떤 분이 이렇게 간증했습니다. 그는 아침 일찍 일어나 열쇠 꾸러미를 들면서 외쳤다고 합니다. "하나님! 오늘도 하나님의 뜻대로 살겠습니다.

Somebody once testified: I woke up early in the morning and took my keys and said, "God! I will live according to God's will today.

제 앞에 어떤 닫힌 문이 있다고 할지라도 이 열쇠를 가지고 열 수 있는 줄 믿습니다." 그는 그렇게 기도하고 하루를 시작한다는 것입니다.

I believe I can open any closed doors with my keys." That is how this person prayed and started his day.

그렇습니다. 잠긴 문이 있으면 열 수 있는 열쇠가 있는 것처럼 어려움이 있으면 어려움을 극복할 수 있는 해결책이 있습니다.

That's right. If you have a locked door and you have a key to open it, then there is a solution to overcome the difficulty.

일찍이 예수님께서 말씀하셨습니다. "내가 진실로 너희에게 이르노니 만일 너희가 믿음이 있고 의심하지 아니하면 이 무화과나무에게 된 이런 일만 할 뿐 아니라

Jesus said, "Truly I tell you, if you have faith and do not doubt, not only can you do what was done to the fig tree,

이 산더러 들려 바다에 던져지라 하여도 될 것이요 너희가 기도할 때에 무엇이든지 믿고 구하는 것은 다 받으리라 하시니라(마

21:21-22)."

but also you can say to this mountain, 'Go, throw yourself into the sea,' and it will be done."

회당장 야이로는 예수님을 모시고 초조하게 빨리 자기 집으로 갑니다. 그런데 가는 중에 소식이 왔습니다. "당신의 딸이 이미 죽었나이다."

Jairus, the synagogue ruler, took Jesus and went to his house hastily. But the news came on the way. "Your daughter is already dead."

이제는 끝났습니다. 딸이 죽었는데요. 소망이 끊어졌습니다. 이제 어떻게 해야 합니까? 이때 예수님께서 하신 말씀이 뭡니까?

It's over now. The daughter was dead. Hope was cut off. What should we do? What did Jesus say at this time?

"두려워 말고 믿기만 하라." 기가 막힌 말씀입니다. 예수님의 능력은 시공간을 초월합니다.

"Don't be afraid, just believe." The power of Jesus transcends time and space.

가능성이 있을 때만 하시는 게 아니고 전혀 불가능한 일도 하시는 줄로 믿습니다.

He tells you to believe not only for possible things but also impossible things.

회당장 야이로가 처음 예수님께 와서 이야기할 때는 자기 딸이 죽게 되었으니 가서 고쳐 달라고 말했습니다.
When Jairus, the synagogue ruler, first came to Jesus, he said that his daughter is dying and needs healing.

그리고 빨리 재촉하면서 가는데 혈루증 여자가 예수님 옷자락을 만진 일로 예수님께서 그 여자를 고쳐 주다 보니 이래저래 시간이 갔습니다.
And he was in a hurry, but a sick woman touched Jesus' clothes, delaying his visit further.

그러다가 자기 딸이 죽은 것입니다. 얼마나 원망스러웠습니까? 그 여인만 아니었다면 예수님께서 조금이라도 빨리 가서 딸을 고치셨을 수도 있었을 것입니다.
His daughter subsequently died. How would you feel? If it was not for the woman, Jesus could have arrived more quickly and saved her before she died.

딸의 죽음 앞에 할 말이 없었습니다. 인생의 소망이 딱 끊어졌습니다. 오늘 현대를 살아가는 우리가 자주 듣는 소식이 뭡니까?

He had nothing to say after his daughter's death. The hope of life has just been cut off. What news do we most hear today living in this world?

누군가 죽었다는 이야기입니다. 실패하고 낙심하고 좌절한 이야기를 듣게 됩니다. 모든 게 끝난 것 같습니다. 그런데 예수님께서 이렇게 말씀하십니다. "두려워 말고 믿기만 하라."

It is the story of death. We hear about failures, disappointments, and frustrations. It is all over the media. However, Jesus says, "Don't be afraid, just believe."

사람들이 그때까지는 예수님을 그저 유능한 의사로 알았습니다. 그런데 이제는 죽은 자를 살리시는,

Up to this point people have known Jesus to be a doctor and healer, but this was beyond regular healing - this required faith that the Son of God can raise the dead.

하나님의 아들 메시아로 고백해야 하는 믿음의 단계로 올라가게 됩니다. 그렇습니다. 예수 그리스도는 죽은 자를 살리시는 생명의 주님이신 줄로 믿습니다.

That's right. We must believe that Jesus Christ is the Lord of life to save even the dead.

그저 내 사정을 조금 도울 수 있는 분이 아니라 절망을 소망으로, 실패를 성공으로, 무에서 유를 창조하시는 살아계시는 주님이십니다.

He is not just someone who can help a little, but rather is a living Lord who can radically change one's difficult life to a life filled with great successes and happiness.

그렇습니다. 내 마음에 들든 안 들든, 내 생각과 맞든 안 맞든, 내 지식과 내 이성과 내 경험에 비추어 이해되든 안 되든 "두려워 말고 믿어야 합니다."

That's right. Whether or not we can understand or explain it based on our knowledge, reason or experience, "Don't be afraid, just believe."

우리의 병든 영혼 치료해 주실 줄로 믿습니다.

We must believe that we will be cured from our sick souls.

마음의 상처와 육신의 질병을 치료하시며 죽은 자를 살리시는 생명의 주님이십니다.

Jesus is the Lord of life - He can cure wounds of the heart, diseases of the flesh, and even raise the dead.

죽은 자를 보고 잔다고 하시는 예수님께서 부활의 능력으로 무엇을 못하시겠습니까!

Jesus, who says that she is sleeping even though she was dead, can do anything with the power of resurrection!

"예수께서 이르시되 내 말이 네가 믿으면 하나님의 영광을 보리라 하지 아니하였느냐 하시니(요 11:40)."

"Don't be afraid, just believe. If you believe, you will see the glory of God."

그렇습니다. 내 사정을 다 아시는 하나님께서 살아계시며 나와 함께하심을 믿습니다. 그분께서 절망에서 소망으로, 실패에서 성공으로,

That's right. Believe that the living God is with us, who knows our circumstances, our despairs and hopes, and our failures and successes,

가난에서 부요로, 약함에서 강함으로 바꾸시며 죽은 자를 살리시고 무에서 유를 창조하심을 믿습니다.

from poverty to wealth, from weakness to strength, and to raising the dead and creating a spirit from nothing.

그러니까 우리는 문제 앞에서 주저하거나 패배 의식을 가지고 절망하는 사람이 되지 말고 믿음을 가져야 합니다. 문제를 정면

으로 뚫고 나가야 합니다.

So we should not be a person who hesitates in front of problems or despairs, but a person who has faith. We must face the problem in front of us.

그러면 그 문제는 성공을 위한 동기가 될 것이며 축복의 관문이 됩니다.

Then the problem becomes the motivation for success and becomes the gateway to blessings.

그러므로 자신이 가진 여러 가지 문제가 기적으로 변하는 축복의 사실을 믿는 것이 뜻을 이루는 사람의 삶의 자세인 것입니다.

Therefore, a person's attitude is important to live a life full of blessings by trusting that life problems will be dealt with and solved.

그런 사람에게는 문제의 산이 믿음으로 옮겨지는 것입니다.

To such a person, a mountain-like problem can be moved with faith.

2. 우리는 열린 마음으로 살아야 합니다.
2. We must live with open hearts.

"너희 안에서 행하시는 이는 하나님이시니 자기의 기쁘신 뜻을 위하여 너희에게 소원을 두고 행하게 하시나니 모든 일을 원망과 시비가 없이 하라(빌 2:13-14)."

"For it is God who works in you to will and to act in order to fulfill his good purpose. Do everything without grumbling or arguing."

위대한 꿈과 뜻이 우리의 마음 가운데 이루어지도록 역사하신 하나님 앞에서 열린 마음으로 살 때 하나님께서 우리에게 힘을 주시고 그 뜻을 이루게 하시는 것입니다.

When we live with an open mind before God who has worked so many great things for us, He will give us strength to accomplish His will.

성경에 보면 "서로"라는 단어가 많이 나옵니다.
The word "each other" appears many times in the Bible.

"서로 문안하라, 서로 화목하라, 서로 사랑하라, 서로 용납하라, 서로 돌보아 주라, 서로 용서하라, 서로 도와주라 … ."
 "Greet one another, reconcile one another, love one another,

accept one another, take care of one another, forgive one another, help each other… "

그래서 어떤 학자들은 기독교에서 "서로"라는 단어를 빼면 기독교 정신이 없어진다고 했습니다.
Some scholars say that Christianity is empty without the word "each other."

"서로"는 부족을 보충해 주는 연대적 관계를 말합니다. 그렇습니다. 서로의 부족을 채워주는 것이 진정한 사랑입니다.
The term "each other" is a phrase that refers to a relationship that supports what is lacking. Yes! There is true love when we support what is lacking from each other.

교회에서나, 가정에서나, 직장에서 서로의 부족을 보충해 주려는 정신이 있을 때 사랑이 풍성해질 수 있습니다.
Love can be enriched when we support each other at church, home, and at work.

일찍이 바울은 "우리 강한 자가 마땅히 연약한 자의 약점을 담당한다"고 했습니다.
Earlier, Paul said, "We who are strong ought to bear with the failings of the weak."

기독교에서는 개인보다 공동체가 그만큼 중요한 것입니다.
In Christianity, community is more important than the individual.

그래서 예수님께서도 주기도문을 가르치실 때 "하늘에 계신 나의 아버지"라고 하시지 않고 "하늘에 계신 우리 아버지여"라고 하셨습니다.
So when Jesus taught the Lord's Prayer, he said, "Our Father in heaven," instead of "My Father in heaven."

우리가 그런 예수님의 뜻을 헤아려서 다른 사람의 부족을 채워줄 수 있기를 소원합니다.
We want to know the will of Jesus and make up for the lack of others.

그렇습니다. 예수님을 믿는 그리스도인들은 언제 어디서나 남의 부족을 채워 주고 남의 마음을 기분 좋게 해줘야 합니다. 그래야 교회에 나올 맛이 날 것 아닙니까?
That's right. Christians who believe in Jesus should fill each other whenever and make their hearts feel good.

잘하는 사람에게 칭찬해주고 실패하고 힘들어하는 사람에게 위로와 격려를 해줘야 합니다. 수도 파이프에는 언제나 물이 꽉 차 있습니다.

We should give comfort and encouragement to those who fail and struggle as well as with those who do well. Water pipes are always full of water.

그런데 수도꼭지를 틀지 않으면 물이 아무리 많아도 물이 나오지 않습니다. 수도꼭지를 틀 때 비로소 물이 쏟아지는 것입니다.

However, if you do not turn on the faucet, water will not come out even if there is a lot of water. When you turn the faucet, water will pour out.

마찬가지로 여러분이 하나님 앞에서 마음 문을 열고 '오, 주님!' 하고 기다릴 때 하나님께서 주시는 축복의 물줄기가 여러분에게 쏟아지는 것입니다.

Likewise, we must open our heart before God, and call 'O, Lord!' When we wait, the stream of God's blessing is poured onto us.

만약에 수도꼭지를 틀었는데도 물이 쏟아지지 않으면 그것은 고장이 났기 때문입니다. 찌꺼기가 꼈든, 녹이 슬었든, 어딘가 고장이 난 것입니다.

If the water is not pouring out when the faucet is turned on, it is broken. Whether it is stuck or rusted, it is broken.

그렇습니다. 여러분의 축복 수도꼭지가 혹시 고장 나지 않았습니까? 만일 문제가 있다면 고쳐야 합니다.

That's right. Did your blessing faucet fail? If something goes wrong, you have to fix it.

찌꺼기를 제거하고 하나님의 뜻을 가로막는 인간의 좁은 편견이나 성령의 역사를 가로막는 부정적인 생각은 다 긁어 청소해야 합니다.

We must scrape off and clean all the negative thoughts that hinder the will of God or the work of the Holy Spirit in our lives.

그리고 하나님 앞에서 열린 마음을 가질 때 하나님의 축복이 폭포수처럼 임합니다.

And when we have an open mind before God, the blessing of God is like a waterfall.

우리가 언제나 하나님을 향해서, 사람을 향해서 열린 마음을 가질 때 하나님의 축복이 우리 삶에 흘러들어옵니다.

Whenever we have an open mind and heart toward God, we bring God's blessing into our life.

그렇습니다. 부정적이고 폐쇄적인 마음은 남에게 유익을 주지 못하고 언제나 실패하게 되는 것입니다.

That's right. Negative and closed minds are not beneficial to others and always fail.

그러나 열린 마음과 긍정적 마음으로 살아가는 사람은 새롭게 됩니다. 은혜 받게 됩니다. 성공하게 되는 것입니다.

However, people who are open minded and live with a positive mind will be renewed. You will receive grace. You will succeed.

사랑하는 성도 여러분! 하나님을 향해, 사람들을 향해 마음을 활짝 열어 여러분의 뜻을 이루시기를 주님의 이름으로 축원합니다.

Beloved believers! I pray in the name of the Lord that you will accomplish your goals with an open heart towards God.

3. 먼저 주는 자가 되어야 합니다.
3. First you must be a giver.

"이는 너희가 흠이 없고 순전하여 어그러지고 거스르는 세대 가운데서

"So that you may become blameless and pure, children of God without fault in a warped and crooked generation.

하나님의 흠 없는 자녀로 세상에서 그들 가운데 빛들로 나타내며 … 그리스도의 날에 내가 자랑할 것이 있게 하려 함이라(빌 2:15-16)."

Then you will shine among them like stars in the sky. And then I will be able to boast on the day of Christ."

사람이 세상을 살아가는 데 여러 가지 유형이 있습니다. 첫째는 채권자형입니다. 자신이 모든 사람에게 당연히 받을 권리가 있다고 생각하는 사람이 있습니다.

There are many types of people living in the world. There are many types of people in this world. Some are like creditors. This person often loans money or provides for someone in need, but does not expect anything in return; they believe everyone needs some help.

예를 들면, 부모와 자녀의 관계에서 부모가 나를 낳았으니 먹여 주고 입혀 주고 재워주는 것이 당연하며 공부시켜주는 것도 당연하다는 태도를 갖는 것입니다.

For example, in the relationship between parents and children, the child feels that it is natural to be fed and given all the support necessary to succeed as a student.

이민 오신 분들 대부분 고생을 많이 하시는데 직장 생활할 때도 마찬가지입니다. 자기 수고에 대해 당연히 보수가 따라야 한다는 인식을 가지고 있습니다.

Many immigrants live difficult lives because they have to work many jobs and believe they should be getting paid more for their work.

그런 마음으로 일하면 감사할 것도 없습니다. 오히려 수고에 비하면 적게 받고 있다고 생각하기에 마음에는 불만이 있습니다.

If we work with such a heart, there is nothing to be thankful for. Rather, we are always dissatisfied because we think that we deserve more money for our labor.

둘째는 독립형입니다. 자신이 누구로부터 받을 것도 없을 뿐 아니라 자기도 누구에게 줄 것이 없다는 것입니다. "너는 너고 나는 나입니다."

The second problem is individuality. We believe that we do not have to help anyone else - "you are you, and I am me."

누구의 간섭이나 도움도 배제하는 대신 다른 사람의 심정이나 입장을 조금도 고려하지 않습니다.

Instead of receiving or giving help, we do not take into consideration the other person's feelings or positions.

'나 하고 싶은 대로 하는데 왜 내가 남의 비판을 받아야 하느냐' 하는 식으로 매사를 살아갑니다. 도움을 줄 것도 받을 것도 없습니다. 어떤 이들은 이런 사람들을 똑똑하다고 합니다.

Instead, we think, 'I will do what I want to do. I don't want others' criticism.' No one wants to help or give. Some might argue that this is smart.

그러나 이런 사람들은 사실 교만하고 이기적인 반사회적인 사람들입니다. 공동체의 이익은 생각하지 않고 남이야 어찌 됐건 나만 괜찮으면 된다는 고집스러운 사람들인 겁니다.

But these people are arrogant and selfish anti-social people. They do not think about the interests of the community; they only think about themselves.

셋째는 하나님과 모든 사람 앞에서의 채무자형인 사람들입니다. 그들은 '나는 모든 사람으로부터 빚을 지고 있다'는 마음으로 삽니다.

The third is a person who lives as a debtor before God and everyone else. They live with the heart that says 'I am in debt to all people.'

부모 형제, 스승이나 이웃, 특별히 하나님께 많은 빚을 지고 있다고 생각합니다. 그들이 지금 가지고 있는 모든 것은 하나님의

은혜이며 남으로부터 받은 것인데

They think they have a lot of debt to parents, teachers, neighbors, especially God. All they have now is the grace of God and what they have received from others.

따라서 진정 자신의 것은 하나도 없어서 모두 남에게 다시 돌려 주어야 한다고 생각합니다. 이미 받은 것만 해도 한평생 다 갚아도 부족하다고 느끼는 사람들입니다.

They have nothing to call their own, and so they have to give back everything to others. They feel indebted for a lifetime.

특별히 하나님께 많은 신세를 지고 있다고 생각하는 사람들입니다. 무엇 하나 처음부터 자기 소유인 것은 없었습니다.

They especially think that God has helped them so much. They own nothing.

우리는 빈손으로 왔기 때문에 우리에게 있는 모든 것은 다 하나님께로 부터 받은 하나님의 것입니다. 그러므로 받은 것들을 남에게 나누어 주어야 합니다.

We came in empty-handed, and everything we have is from God. Thus, we should share what we have.

은혜로 받은 것을 은혜로 나누는 것입니다. 마땅한 일이지 자랑할 일이 아닙니다.

Grace is when we share a gift we do not deserve. There is nothing to boast about.

말로든 정신으로든 물질로든지 보답을 바라는 마음이 전혀 없습니다. 깨끗한 마음으로 봉사하면 그만입니다.

There is absolutely no desire for reward, whether by word or thing. It is enough to serve with a clean heart.

성공하는 사람이나, 뜻을 이루는 사람이나, 남에게 사랑과 존경을 받는 사람은 모두 같은 원칙이 있습니다.

Successful people, those who fulfill their will, and those who are loved and respected by others, have the same principle.

그것은 축복을 받기 전에 먼저 축복의 대가를 지불한다는 것입니다.

They pay for the blessing before they receive the blessing.

예를 들면, 가을에 좋은 열매를 거두기 위해서 시절 따라 거름을 주고 비료를 주며 약을 뿌리고 정성을 다하는 값비싼 대가를 먼저 지불해야 하는 것과 같습니다.

For example, in order to produce good fruit in the fall, the farmer must pay for costly fertilizer first.

자녀의 교육도 마찬가지입니다. 그들이 장성해서 성공하기까지는 부모가 많은 수고를 해야 합니다.

The same goes for your childrens' education. Parents must work hard to provide for their children until they get old enough to provide for themselves.

그런데 여러분! 우리는 그것을 기쁨으로 해야 합니다. 먼저 기쁨으로 심는 자가 되어야 합니다. 먼저 희생하고 먼저 베풀고 먼저 나누어줄 줄 아는 사람이 되어야 합니다.

But everyone! We should do it with joy. First, we must be filled with joy. You must be a person who sacrifices and shares first.

어떤 분은 "나는 물질적으로 넉넉하지 못하니 드릴 것도 없고 남에게 줄 것도 없고 그저 나 자신만을 위해서 살기도 어렵구나" 하고 말씀하시는데

Some say, "I am not rich enough and I have nothing to give. It is difficult for people like me to live as it is."

그런 분은 언제나 정신적 빈곤과 물질적 가난을 면하기가 어렵게 되는 것입니다. 일찍이 예수님께서

But such people are always living in spiritual and material poverty. Early on Jesus said,

"주라 그리하면 너희에게 줄 것이니 곧 후히 되어 누르고 흔들어 넘치도록 하여 너희에게 안겨 주리라(눅 6:38)."

"Give, and it will be given to you. A good measure, pressed down, shaken together and running over, will be poured into your lap."

그렇습니다. 바로 이 말씀이 뜻을 이루는 약속의 말씀입니다. 우리는 이 말씀 따라 선한 일에 앞장서며 살아야 합니다.

That's right. This is the word of promise that fulfills His will. We have to live by leading this good work.

이스라엘에는 갈릴리 호수와 사해가 있습니다.

Israel was surrounded by the Sea of Galilee and the Dead Sea.

갈릴리 호수는 헤르몬산에서 내려오는 물을 받아서 요단강으로 흘려보내는데 이 호수에는 37가지나 되는 물고기가 삽니다.

The Sea of Galilee receives water from Mount Hermon and flows into the Jordan River - there are 37 species of fish living in this lake.

그 이유는 산에서 흐르는 물을 받아서 요단강에 흘려보내기 때문입니다.

The reason it is so fertile is because the water flows from the mountain to the Jordan River.

그러나 여리고 옆에 있는 사해는 지중해보다 낮은 곳에 있기 때문에 흘려 내보내는 곳이 없습니다.
However, the Dead Sea beside Jericho is lower than the Mediterranean Sea, so there is no place to have water flow.

그저 이곳저곳의 물을 받아들이기만 하므로 짠물이 되었고 죽음의 바다, 사해가 되었습니다.
As a result, it became a body of heavily concentrated salt water and it became known as the Dead Sea because nothing could live in the water.

그렇습니다. 베풀지 못하고 이기심에 사로잡힌 사람은 결국 자기 뜻을 이루지 못하고 결코 위대해질 수가 없습니다.
That's right. A man who cannot give freely and is captivated by selfishness cannot fulfill his will and will never be great.

아무리 가진 것이 많아도 나누어줄 줄 모르는 사람은 가난한 사람입니다. 그러나 가진 것이 없어도 남에게 나누어줄 줄 아는 사람은 참으로 풍요로운 사람입니다.
The person who does not know how to give is a poor person. But those who know what they have, even if they do not have

anything, are indeed prosperous.

이웃을 위해 무엇이든 나누어주는 우리가 되는 것이 우리에게 축복이며, 오늘의 그 결단이 내일의 축복을 약속받는 길입니다.
It is a blessing to us when we share something to our neighbors, and today's decision is the promise of tomorrow's blessings.

어느 무더운 여름 대낮에 마므레 상수리나무 밑에 쉬고 있던 아브라함은 나그네 길손 세 명이 급하게 자기 집 앞을 지나가는 것을 보았습니다.
Abraham, who was resting under the Mamre oaks in the midst of a hot summer day, saw three strangers passing by in front of his house in haste.

중동에는 강한 뙤약볕으로 인해 열사병에 걸리는 일이 많아서 대낮에는 여행을 잘 하지 않습니다. 그런데 아브라함은 장막 문 앞에 앉았다가
In the Middle East, there is a lot of heat stroke due to the strong sunshine, so people do not travel often during the day. Then Abraham sat down at the door of the tent,

나그네 세 사람이 맞은편에 서 있는 것을 보고 달려가 그들을 영

접하고는 아내 사라에게 좋은 가루 세 스아를 가져다가 떡을 맛있게 만들라고 했습니다.

and saw that three of the strangers were standing opposite him, and ran to meet them, and told Sarah his wife to make delicious bread for them.

그리고 기름지고 맛있어 보이는 송아지를 취하여 종에게 잡아 맛있게 요리를 하라고 했습니다. 또한, 버터와 우유도 함께 준비했습니다.

He also took a fattened calf, and asked his servants to prepare a delicious meal. They also prepared butter and milk.

여러분! 참으로 대단하지 않습니까! 그의 모습이 너무나 아름답고 풍요롭지 않습니까! 닉닉하고 덕 있어 보이지 않습니까! 아브라함은 그들이 누구인지를 몰랐습니다.

Everyone! Isn't that great? It was so beautiful and abundant! He was so generous and virtuous! Abraham did not even know who they were.

그는 그냥 그들은 못 본체하며 지나칠 수도 있었습니다. 그들이 여호와 하나님의 사자와 천사라는 것을 알 수가 없었습니다.

He could just let them pass by. He could not have known that they were angels of the Lord God.

그는 그저 꿈과 환상을 가지고 말로만 신앙생활을 한 것이 아니고, 실제적이고 구체적으로 믿었기에 부지중에라도 지나가는 손님들을 하나님 대접하듯이 정성을 다하여 대접했던 것입니다.

He did not just live a faithful life with dreams and visions, but because he truly believed, he put his faith into action serving any guests as if he was serving God.

사랑하는 성도 여러분! 어떤 어려운 문제가 있어도 하나님은 두려워하되 세상은 두려워하지 말고 열린 마음으로

Beloved believers! In the midst of hardships, fear God but do not be afraid of the world. Instead have an open mind and heart,

먼저 주는 자가 되어서 여러분의 소원을 이루시기를 주님의 이름으로 축원합니다.

and may you give freely with thanksgiving in all things in the name of our Lord Jesus Christ.

**BILINGUAL
GOSPEL SERMONS
IN REFORMED
THEOLOGICAL
FOUNDATIONS**

주님을 바라보라
Look to the Lord

히브리서 12장 1-3절

"이러므로 우리에게 구름 같이 둘러싼 허다한 증인들이 있으니 모든 무거운 것과 얽매이기 쉬운 죄를 벗어 버리고 인내로써 우리 앞에 당한 경주를 하며 믿음의 주요 또 온전하게 하시는 이인 예수를 바라보자 그는 그 앞에 있는 기쁨을 위하여 십자가를 참으사 부끄러움을 개의치 아니하시더니 하나님 보좌 우편에 앉으셨느니라 너희가 피곤하여 낙심하지 않기 위하여 죄인들이 이같이 자기에게 거역한 일을 참으신 이를 생각하라."

Hebrews 12:1-3

Therefore, since we are surrounded by such a great cloud of witnesses, let us throw off everything that hinders and the sin that so easily entangles, and let us run with perseverance the race marked out for us. Let us fix our eyes on Jesus, the author and perfecter of our faith, who for the joy set before him endured the cross, scorning its shame, and sat down at the right hand of the throne of God. Consider him who endured such opposition from sinful men, so that you will not grow weary and lose heart.

한 해를 보내고 새해를 맞이해야 하는 중요하고 뜻깊은 길목에 서 있습니다.
We are now looking forward to the New Year and are contemplating how to spend and celebrate the occasion in meaningful ways.

나름대로 지난 한 해를 돌이켜 보면서 결산과 평가를 해 봐야 하는 송년 주일입니다.
Today is the last Sunday of the year, a time when we look back how we spent this year.

그렇습니다. 뒤를 돌아볼 줄 모르는 사람은 자기를 볼 줄 모르는 사람입니다.
That's right. A person who is not able to reflect does not know himself.

때로는 우리가 자신을 뒤돌아보면 부끄럽고 창피하지만, 반드시 돌아보아야 새로운 결심을 할 수 있습니다.
Sometimes when we look back, we may feel ashamed or embarrassed, but we must look back and make new decisions.

뒤돌아보아야 깨닫고 회개하며 용서받고 새로운 축복을 받을 줄로 믿습니다.
When we look back, we often realize, repent, forgive, and receive new blessings.

유대인들이 '로쉬 하사나와 욤 키퍼'라는 종교행사를 매년 준비합니다.
The Jews prepare for their annual religious events called 'Rosh Hashanah and Yom Kippur.'

우리의 송구영신 예배와 특새와 같은 행사입니다. 그때 그들은 특별히 두 가지를 강조합니다.
This event is like our New Year's Eve worship service. They emphasize two things in particular.

하나는 그동안 지었던 죄를 회개하는 일입니다. 또 하나는 싸우고 원수 맺었던 사람이 있으면 찾아가서 용서하고 화해하는 것입니다. 그리고 새 마음으로 새해를 맞습니다.
First is to repent their sins. Another is to meet, forgive, and

reconcile with their enemies. And they begin the new year with a new heart.

그렇습니다. 유대인들이 이 세상 모든 분야에서 우수한 사람이 많은 것은 그들의 두뇌가 뛰어나서 그런 것이 아니고
That's right. The reason why the Jewish have many successful people in all areas of the world is not because they are brilliant,

매년 이런 행사를 통해서 새롭게 되기 때문입니다. 그런 종교적 행사를 통해서 하나님의 기적과 은혜와 축복을 받는 것입니다.
but because they are renewed every year through these holy events. Through such religious ceremonies, they receive God's miracles, grace, and blessings yearly.

지난 일 년을 돌이켜보면 힘들고 어려운 순간들도 있었습니다. 아쉬움도 있었고 부족한 것도 있었습니다. 시련과 고통도 있었습니다. 얼마나 많은 순간 눈물 흘리며 아파했는지 모릅니다.
Looking back over the past year, there were difficult moments. There were shortcomings. There were trials, suffering, and tears of pain.

그런 가운데서도 오늘이 있다는 것, 오늘까지 지내온 것은 하나

님의 은혜입니다. 하나님의 사랑입니다. "지금까지 지내온 것 주의 크신 은혜라."

But we are here still today because of God's grace. It is the love of God. "I've lived until this day because of the grace of God."

그렇습니다. 지난 일 년간 우리가 열심히 노력해서 많은 것을 얻었다면 그것은 분명 하나님의 은혜요, 축복입니다.

That's right. If we have worked hard over the past year and have gained a lot, it is surely because of God's grace and blessing.

그러나 한편으로 우리가 열심히 힘쓰고 애썼으나 우리 손에 아무것도 얻은 것이 없다고 하더라도 하나님의 뜻으로 받아들이고 그것이 더 큰 축복을 위한 하나님의 섭리라고 생각해야 합니다.

And even if we worked hard, but did not gain anything, we must still accept it as God's will and think of it as God's providence for greater blessings later.

지난 일 년 동안 인생과 치열하게 싸우고 몸부림친 순간들이야말로 내 인생에 있어서 가장 중요하고 소중한 부분들이라고 생각해야 합니다.

We must remember that the most important moments in our

lives are when we struggle and are challenged.

왜냐하면 기독교 역사관은 주님께서 다시 오실 때까지 끝나지 않고 계속 진행되기 때문입니다.
As Christians, difficult times will continue until the Lord comes again.

매 순간이 끝이 아니라 또 다른 새로운 시작이라는 체험 속에서 살아가는 것이 그리스도인의 삶입니다.
As Christians, each moment is not the end, but is another new beginning.

그러므로 우리들의 삶은 언제나 과거의 끝이 아니라 미래를 새롭게 준비하는 시작인 줄로 믿습니다.
Therefore, we must believe that our lives are not coming to an end, but must prepare for a new future always.

그럼 어떻게 해야 한 해를 잘 마무리하고 새로운 마음으로 새해를 준비할 수 있을까요?
So how can we finish the year well and prepare for the new year with a new mind?

1. 우리는 버리고 떠나야 합니다.
1. We have to let go and leave.

" … 모든 무거운 것과 얽매이기 쉬운 죄를 벗어 버리고 … (히 12:1)."

"Let us throw off everything that hinders and the sin that so easily entangles."

한 해를 마무리하면서 가장 중요한 것이 무엇입니까? 우리 마음이 새로워지는 것입니다.

What is the most important thing in finishing the year? Our minds must be renewed.

시작도 중요하지만, 마지막이 중요한 것은 과거를 돌이켜보면서 삶을 다시 한번 깊이 생각해보기 때문입니다.

The beginning is important, but the ending is also important because we are able to look back on our life.

지난 일 년 하나님의 말씀에 순종하며 믿음으로 열심히 살았다면, 주님과 교회와 복음을 위해서 열심히 봉사하며 헌신하고 충성했다면 그 나름대로 보람과 위로와 기쁨이 있을 것입니다.

If we obeyed God's Word for the past year and lived faithfully, working diligently to serve the Lord, the church, and the gospel then there will be a reward and one can take comfort and joy in the Lord.

그러나 행여라도 무의미하게, 허무하게 믿음 없이 게으르고, 나태하고, 원망하고, 불평하고, 낙심하고, 좌절하며 육신적으로 세상적으로 그저 그렇게 살았다면 반성하고 회개하며 다시 한번 새로운 시작을 다짐해야 할 것입니다.

However, if we lived idly, with resentment, complaints, discouragement, and frustration, we need to commit to a new beginning with repentance and reflection.

모든 무거운 것을 버리고 떠나야 합니다. "모든 무거운 것"은 다른 원문에 보면 '거리끼는 것을 벗어 버리는 것'을 말합니다.

We must abandon all burdensome things. "All the heavy things" in other translations show 'to remove from what's attached.'

그리고 나를 얽어매고 있는 여러 가지 불신앙적인 죄를 버리고 떠나야 합니다. 보통 사람들은 연말이 되면 망년회라는 것을 합니다.

And we must abandon the various unbeliefs and sins that entangled us. Normally, people refer to the 'year-end party' at the end of the year.

잊고 싶은 일은 툭툭 털어버리고 새로운 출발을 하고 싶어서입니다. 그만큼 인간은 실패가 많고 잘못이 많고 무능한 존재입니다.
It's because we want to forgive, forget, and we want to make a fresh start. Human beings fail, make mistakes, and are incompetent.

세상 사람들이 일 년을 마감하면서 잊고 싶은 힘든 일, 생각하고 싶지 않은 일이 많다면 예수님을 믿는 우리 그리스도인들에게는 얼마나 많겠습니까?
Many people in the world have a lot of things that they do not want to think about, so how much more for Christians?

세상 사람들도 그렇게 살지 않는데 주님을 믿는 우리가 그렇게 살아서야 될까요? 장로, 권사, 집사, 목사인 우리가 말입니다.
The world does not live that way. So as an elder, deacon, and pastor, should we live as such?

하나님 앞에서 좀 다르게 살아야 하는데, 하나님께서는 우리가 빛과 소금으로 살라고 하셨는데 돌이켜보니 오히려 우리에게 더 많은 문제가 있었지 않았나요?
We should live differently before God, as the salt and light of the world, but didn't we experience a lot of problems?

우리는 이것을 깨달아야 하는데 안타까운 것은 세월이 흐를수록, 나이를 먹을수록 인간적인 방법과 세상적인 방법이 더 익숙해져 가고 있다는 사실입니다.

It is a sad fact that the older we are, the more conformed to this world we become.

분명히 그것은 하나님의 방법도 아니고 성경적 방법도 아닌데, 우리 마음대로

Obviously it is neither God's way nor a biblical way, but it just happens. We comfort ourselves by saying,

"야, 목사도 그렇게 살고 장로도 다 그저 그렇게 사는데, 너도 그렇게 살아" 하며 자신에게 말하며 위로를 하지요. 그런데 그렇게 생각하면 안 됩니다.

"Even the pastor and elder live like that, so I can." But we shouldn't think this way.

그렇습니다. 믿음으로 사는 사람은 잘못 살아온 것을 철저히 회개하고 모든 무거운 것을 벗어버리고 떠나야 합니다. 얽매이기 쉬운 죄를 버리고 떠나야 합니다.

That's right. A man who lives by faith must repent thoroughly and leave all heavy things behind. We must leave the guilty sin.

한 번은 예수님께서 복음을 전하시고 병자들을 고쳐주시다가 해가 지고 날이 저물자 제자들에게 배를 타고 저편으로 건너가자고 했습니다.

Once Jesus preached the gospel and healed the sick, the sun had set so He told the disciples to go to the other side of the lake by boat.

그런데 예수님의 제자들이 예수님의 말씀에 순종해서 배를 타고 갈릴리바다를 건너가기 위해서는 전제가 필요했습니다.

However, before Jesus' disciples obeyed and crossed the Sea of Galilee by boat, they had to first consider this.

그게 무엇입니까? 무리를 떠나는 일이었습니다. 그렇습니다. 저편으로 건너가기 위해서는, 새로운 출발을 하기 위해서는 옛 생활을 떠나야 합니다.

Why was this? It was to leave the crowd. That's right. In order to get to the other side, we have to leave our old life to make a fresh start.

잊어버릴 것은 과감하게 잊어버리고 떠나야 합니다. 털어버릴 것은 훌훌 털어버리고 떠나야 합니다. 실수한 것, 잘못한 것, 죄지은 것은 모두 회개하고 잊어버려야 합니다.

We must be able to forget things boldly and leave. We have

to shake it off and leave. We must forget and repent for our mistakes and wrongdoings.

억울한 일, 손해 본 일, 기분 나쁜 일, 오해, 배신, 마음 아팠던 일을 모두
We have to forget about the unfair things, the hurt, the unpleasant things, the misunderstandings, the betrayal, the heartaches,

깨끗하게 잊어버리고 떠나야 합니다. 물리학에서 한 물체가 빠져나가야 다른 물체가 들어올 수 있다고 했습니다.
and leave without turning back. In physics, it is said that an object has to come out before another object could come in.

병 속에 물이 들어가면 공기는 나가야 합니다. 원수, 마귀, 사탄의 특징은 우리가 옛 생활을 떠나지 못하게 붙잡습니다.
For example, when water enters a bottle, air is pushed out. Satan captures us and makes us not leave our old life.

과거의 잘못을 자꾸 생각나게 해서 우리에게 고통과 아픔을 더 줍니다. 우리가 하나님의 자녀로서 기쁨과 자유를 누리지 못하게 합니다.
He reminds us of our mistakes in the past, which makes

it more painful. He prevents us from enjoying the joy and freedom as a child of God.

하지만 성령님께서는 지난날의 모든 잘못을 다 잊어버리고 옛 생활을 떠나라고 합니다. 일찍이 하나님께서는 우상의 도시, 갈대아 우르를 버리고 떠나라고 하셨습니다.
However, the Holy Spirit has forgotten all of our wrongdoings and tells us to leave the old life. Early on, God told Abraham to abandon the idol city of Ur.

이스라엘 백성이 젖과 꿀이 흐르는 가나안 땅에 들어가게 하려고 그들에게 정든 애굽 땅을 버리고 떠나라고 하셨습니다.
He told the Israelites to leave the land of Egypt in order to get them into the land of Canaan where milk and honey flowed.

70년의 바벨론 포로 생활 동안 이스라엘 백성은 어느 정도 안정이 되고 물질로도 풍요로워졌습니다.
During the seventy years of Babylonian captivity, the people of Israel were somewhat stabilized and abundant in material.

이방 문화였지만, 그들은 세상 쾌락을 즐기며 살았습니다. 그런데 그때 하나님께서 다 "버리고 떠나라"고 그들에게 말씀하셨습니다.

It was a foreign culture to them but they enjoyed the pleasure of the world. But then God said, "Leave everything behind and go."

그 말씀에 순종하여 미련 없이 떠난 사람들은 하나님의 새로운 놀라운 축복을 받았습니다.
Those who obeyed the Word at that time left without fear and received God's new wonderful blessing.

그러나 있는 자리가 좋아서 떠나지 않았던 사람들은 한평생 노예 생활을 했습니다.
However, those who did not leave because of their good conditions became a slave for a lifetime.

그렇습니다. 새로운 출발을 위해서 옛 생활을 버리고 떠나야 합니다. 욕심과 탐심을 버려야 합니다.
That's right. For a new start, we have to leave the old life and go. We must abandon greed and covetousness.

원망과 불평의 자리에서, 위선과 거짓의 자리에서, 게으름과 나태의 자리에서, 낙심과 좌절의 자리에서,
We must leave behind grudges and complaints, hypocrisy and falsehood, laziness and sloth, disappointment and frustration,

불순종, 불신앙의 자리에서 떠나야 합니다. 그렇습니다. 어떤 일이 있어도 세상과 타협하지 마세요. 하나님께서 좋아하는 것을 하시고 하나님께서 싫어하시는 것은 하지 마세요.

as well as disobedience and unbelief. That's right. Do not compromise with the world at all. Do what God likes not God hates.

어떤 사람에게는 그것이 탐욕이 될 수 있습니다. 교만이 될 수 있습니다. 남을 미워하고 의심하는 마음이 될 수 있습니다. 명예욕이 될 수 있습니다. 술, 담배, 노름도 될 수 있습니다.

For some, it can be greed. It can be pride. It can be hate or doubt. It can be honor. It can be alcohol, cigarettes, or gambling.

어떤 사람이 노래방에 가서 아가씨를 불렀더니 제수씨가 나왔다는 말이 있습니다.

Someone went to a karaoke room and paid for a lady, but that lady turned out to be his sister-in-law.

인터넷을 많이 하는 것이나 관음증도 마찬가지입니다. 권민중이라는 여자 배우는 옷 한번 벗고 그 당시 70억을 벌었다고 합니다.

Internet, voyeurism, peeping. The actress Kwon Min-jung

took off her clothes and earned 7 billion won at that time.

신앙생활을 하다 보면 반드시 죄는 아니더라도 믿음생활을 하는데 방해가 되는 것이 있으면 버리고 떠나야 합니다. 골프는 좋은 운동이라고 합니다.

When you practice your faith, you must leave what is hindering you to have a life of faith. Golf is good exercise.

그런데 어떤 사람이 하도 골프를 치니까 부인이 신문에 이렇게 광고를 냈다고 합니다. "남편을 팝니다.

However, a husband played golf too much, so his wife put up an advertisement: "I am selling my husband.

남편을 구매하는 사람에게는 골프채와 개도 한 마리 덤으로 줍니다." 그 광고가 나간 후 많은 사람이 전화해서 남편은 싫고 개만 줄 수 없느냐고 했다고 합니다.

Whoever buys my husband, he will get golf clubs and a dog for free." Many people called after the ad went out and asked if they could just have the dog."

어떤 목사님은 복싱을 그렇게 좋아했다고 합니다. 복싱 중계를 보다가 예배 시간이 돼서 리시버를 낀 상태로 강대상에 올라온 적도 있다고 합니다.

One pastor said he likes boxing a lot. One day, he wore his receiver to the pulpit when it was worship time after watching a boxing show.

나중에 들은 이야기인데 왜 그렇게 좋아하느냐고 물었더니 복싱할 때 상대를 자기가 미워하는 사람으로 생각하면서 하니 그렇게 속이 시원하더라는 것입니다.
Why did he like it so much? It's because he imagined he was punching a church elder that he did not like.

그렇습니다. 취미도, 오락도, 운동도 지나치면 무거운 짐이 되고 죄가 됩니다.
That's right. Hobby, entertainment, and exercise can also become heavy burdens and sin when they're too much.

그러므로 죄로 얽매이기 쉬운 것이 무엇인지를 잘 판단해서 단호하게 끊어버리는 결단이 이 송년 주일에 있으시기를 주님의 이름으로 축원합니다.
Therefore, I bless you in the name of the Lord this last Sunday of the year to make good decisions and cut off things that entangle us with sin.

2. 참고 인내해야 합니다.
2. We have to persevere and be patient.

" … 인내로써 우리 앞에 당한 경주를 하며(히 12:1)."
"Let us run with perseverance the race marked out for us."

하나님께서는 우리 인간을 만드실 때 웃음도 주셨지만, 울음도 주셨습니다. 그래서 우리의 삶에는 기쁨만 있는 것이 아니라 슬픔도 있습니다.

God gave us laughter, but he also gave us tears. So there is not only joy in our lives, but also sorrow.

행복만 있는 것이 아니라 불행도 있습니다. 좋은 일만 있는 것이 아니라 힘들고 슬픈 일, 궂은일도 있습니다.

There is not only happiness but also misfortune. Not only good things, but hard and sad things.

그렇다면, 왜 하나님께서는 믿음 생활을 잘하는 우리에게 고통과 아픔과 눈물을 주셨을까요? 그것은 더 큰 은혜와 축복을 주시기 위함입니다.

Why did God give pain and tears to those who are faithful? So that we may receive greater grace and blessings.

우리 인생을 더 아름답고 풍성하게 하기 위해서입니다. 그러므로 현재 생활이 힘들다고 주저앉지 말고 참고 기다리라는 것입니다.

To make our life more beautiful and richer. Therefore, even if our current life is difficult, do not be discouraged but wait patiently.

어떤 어려움이 있어도 참고 기다리라는 것입니다. 믿음은 조급하면 안 됩니다. 아무리 힘들고 어려운 환경 가운데 있을지라도 낙심하거나 절망치 말아야 합니다.

No matter what the trouble is, wait. Faith should not be hasty. No matter how hard or difficult the environment is, you should not be discouraged.

신앙이란 단 것으로만 되는 것이 아닙니다. 신앙은 고난으로 만들어지는 것입니다. 우리는 왜 가끔 약해집니까? 고난이 없어서 그렇습니다.

Faith is not just about being sweet. Faith is also characterized by suffering. Why are we weak sometimes? It is because we face no hardship.

하나님께서는 이스라엘 백성이 40년 동안 광야에서 살게 하셨습니다. 광야는 춥고 배고픈 곳입니다. 그 이유를 성경은 두 가지로 이야기합니다.

God made the Israelites to live in the wilderness for 40 years. The wilderness is a cold and hungry place. The Bible speaks of two reasons why.

첫째는 불신앙 때문입니다. 열 명의 정탐꾼을 비롯한 이스라엘 백성의 불신앙입니다.

The first is unbelief. It was the unbelief of the Israelites, including the 10 spies.

하나님께서 약속하셨고, 해주신다고 말씀하셨는데 인간들은 불신앙으로 안 된다고 아우성을 치다가 멸망했습니다.

God promised and said that He is God, but they were destroyed for not believing.

두 번째는 하나님께서 이스라엘을 시험하시고 훈련시키시기 위해서입니다. 하나님이 어떤 분이신지 그리고 그들이 어떤 존재인지를 분명하게 알라는 것입니다.

Second, God wanted to discipline the Israelites. He wanted them to know who He is and who they were.

예수님을 믿는 그리스도인들이 교회생활, 신앙생활을 하다 보면 '내가 이 정도밖에 안 되나, 내 수준이 이건가' 하면서 회의를 느낄 때가 있습니다.

There are times when Christians feel that their church and faith life is at a certain low level.

차라리 교회에서 여러 직분을 받지 않고 그냥 조용히 다녔으면 몰랐을 일을, 목사, 장로, 권사로, 초장, 목장 리더로 일하다 보니 밑천이 다 나타나 부끄럽고 창피스러울 수 있습니다.

If they didn't receive a position to be a pastor, elder, or leaders, and just quietly attended church, they would have avoided embarrassment.

가만히 있으면 모를 텐데 찬양대에 들어가서 찬양을 하다 보니 음치라는 것을 옆 사람이 알게 되는 것입니다. 그렇다면 왜 하나님께서 우리에게 교회를 위해 열심히 봉사하라고 직분을 주셨을까요?

If you had not been part of the praise team, no one would have known that you were out of pitch. Why, then, did God give us the task of serving the Church?

왜 우리를 세상에 버려두지 않으시고 수많은 사람 가운데 우리를 택하여 그리스도인으로 살게 하셨습니까? 그것은 하나님이 누구시고 내가 누구인가를 바로 알게 하기 위해서입니다.

Why did He not leave us to the world and call us out of

thousands of people to live as a Christian? It is to know who God is and to know who we are.

나라는 존재는 하나님 없이는 살 수 없는 존재라는 것을 알게 하시기 위해서 그렇습니다. 그냥 있었으면 잘 몰랐을 텐데 직분을 통해 우리가 어떤 사람이라는 것을 깨닫게 하시려고 여러 가지 직분을 주셨습니다.
It is to know that we are a being that cannot live without God. No one would have known, but by receiving a position and being challenged, we know who we are.

'내가 이렇게 부족한 사람이니까 내게 하나님이 꼭 필요하구나.' 이것이 신앙생활에서 중요한 문제입니다.
'Because I am a lacking person, I need God,' which is important in having a faithful life.

"네 하나님 여호와께서 이 사십 년 동안에 네게 광야 길을 걷게 하신 것을 기억하라
"Remember that your God has made you walk in the wilderness for the past 40 years.

이는 너를 낮추시며 너를 시험하사 네 마음이 어떠한지 그 명령을 지키는지 지키지 않는지 알려 하심이라(신 8:2)."

He humbles you, and tests you, to know how your heart is, and whether you keep His command or not."

원래 광야란 무엇을 심어서 거둘 수 있는 땅이 아닙니다. 정착할 곳도 아니고 그저 매일 걸어가야 하는 땅입니다.
Originally, the wilderness was not a suitable land to harvest. It was not a place to settle; it was a place to walk.

그래서 그들은 구름 기둥이 움직이는 대로 가기도 하고 멈추기도 했습니다. 그 어느 것도 그들의 노력에 의해서 이루어진 것은 없었습니다. 인간이 할 수 있는 것이 아무것도 없는 곳이 바로 광야입니다.
So they walked and were guided along by a pillar of clouds. Nothing was done by their efforts. A man cannot do anything alone in the wilderness.

그들의 생활은 처음부터 끝까지 기적의 연속이었습니다. 하나님의 도우심이었습니다. 하나님의 은혜였습니다.
Their lives were a series of miracles from beginning to end. It was only with God's help that they survived. It was by the grace of God alone.

" … 너도 알지 못하며 네 조상들도 알지 못하던 만나를 네게 먹

이신 것은 사람이 떡으로만 사는 것이 아니요

"Feeding you with manna, which neither you nor your fathers had known, to teach you that man does not live on bread alone

여호와의 입에서 나오는 모든 말씀으로 사는 줄을 네가 알게 하려 하심이니라(신 8:3)."

but on every word that comes from the mouth of the LORD."

다시 말해서 내가 너희들에게 기적으로 배불리 먹게 해주고 구름 기둥과 불 기둥으로 너희를 인도한 것은 하나님을 알게 하기 위함이라는 것입니다.

In other words, I have given you miraculous food to eat and led you by pillars of clouds to make you know me as God.

그런데 너희들은 먹고 마시며 거할 곳이 있었지만, 한 번도 나를 섬기고 내 말대로 살지 않고

But even though you have a place to eat and drink, you have never served me,

40년 동안 네 의복이 해어지지 아니하고 네 발이 부르트지 아니하였음에도 불구하고 너희는 내 뜻대로 살지 않았다고 하시는 것입니다.

though your garments have not been torn for 40 years, and

your feet have not been broken, you have not lived according to my will.

그래서 그들은 지진으로 죽고 불뱀에 물려 죽고 질병에 걸려 죽었습니다.
So they died from an earthquake, were bitten by serpents, and killed by disease.

성경은 그 모든 재난은 하나님을 모르고 바로 섬기지 않고 하나님을 사랑하지 않았기 때문이라고 했습니다.
The Bible says that all the disasters occurred because they did not know God and did not serve and love God.

그렇습니다. 신앙이란 행위로 증거되어야 합니다.
That's right. Faith must be witnessed through actions.

지난 일 년 하나님께서는 우리에게 이것도 해주시고 저것도 해주시고 필요한 대로 다 채워주셨는데 혹시라도 이스라엘 백성처럼 원망하고 불평하며 살지는 않았습니까?
In the past year, God has done this for us and has filled us up as needed. But have we lived and complained like the people of Israel?

전능하신 하나님을 믿는다고 하면서도 지난 일 년 먹고사는 문제 때문에 염려, 근심, 걱정은 하지 않았습니까?

Did you worry about eating and living this the past year when you believe in God Almighty?

하나님께서 떡 만큼은 책임져 주시겠다는데 사람들은 그것을 믿지 못했습니다. 오늘도 얼마나 많은 성도가 하나님을 구하지 아니하고 떡만 구하며 살아가는지 모릅니다.

God promised to feed them, but they did not believe. Today, there are many Christians who do not seek God and only seek bread or money.

그런데 여러분! 하나님께서는 그런 못난 우리였음에도 불구하고 떡도 주시고 말씀도 주셨습니다. 좋으신 주님을 찬양합니다. 그 주님을 사랑합니다. 그 은혜가 정말 감사할 뿐입니다.

But everyone! God gave us bread and the Word even though we were lacking. Praise the good Lord. Love the Lord. We are grateful for His grace.

그렇습니다. 믿음의 사람은 시련과 고난을 각오해야 합니다. 그 어떤 절망적인 상황에서 뒤돌아서지 않습니다. 인생이 아무리 힘들고 아파도 물러서지 않습니다.

That's right. A man of faith must be ready for trials and

hardships. Do not turn around in desperate situations.

세상에 우리를 유혹하는 것과 피곤하게 만드는 것이 많아도
There are many things that tempt us and make us weary.

"우리가 선을 행하되 낙심하지 말지니 포기하지 아니하면 때가 이르매 거두리라(갈 6:9)."
"Let us not become weary in doing good, for at the proper time we will reap a harvest if we do not give up."

사랑하는 성도 여러분! 어떤 어려움이 있어도 절대 포기하지 말고 끝까지 참고 인내하면서 살아가시기를 주님의 이름으로 축원합니다.
Beloved believers! Do not give up when faced with difficulties, but endure with patience and endeavor in the name of the Lord.

3. 예수님을 바라보면서 믿음으로 살아가야 합니다.
3. We must live by faith while looking to Jesus.

"믿음의 주요 또 온전하게 하시는 이인 예수를 바라보자 … (히 12:2)."

"Let us fix our eyes on Jesus, the author and finisher of our faith."

새로운 출발을 위해서는 예수님을 바라보아야 합니다. 미래는 내 것이 아닙니다. 하나님의 것입니다.

You must look to Jesus for a new start. The future is not our own. It is God's future.

새해에 어떤 일이 일어날지 아무도 모릅니다. 그러나 우리가 믿는 예수님께서는 다 알고 계시는 줄로 믿습니다.

No one knows what will happen in the new year of 2019. But we believe that Jesus knows all.

때로는 풍랑도 일어날 수가 있습니다. 예수님의 제자들도 풍랑을 만나서 어려움을 당했습니다.

Sometimes challenging times can happen. The disciples of Jesus also had difficulty when meeting a storm.

"큰 광풍이 일어나 물결이 배에 부딪혀 죽게 되었다"고 했습니다. 풍랑을 맞아 배가 뒤집혀 죽게 되었는데 누가 해결합니까?

"A great storm arose, and the waves hit the ship and died." When a storm comes and the boat is flipped over, who can resolve it?

아무도 할 수 없습니다. 인간은 누구도 해결할 수가 없습니다. 그런데 주님께서 하십니다. 우리 예수님만 하실 수 있습니다. 그래서 우리는 예수님만 바라보아야 합니다.

No one can do it. No man can solve it. But only can the Lord. Only Jesus our Lord can do it. So we have to look to Jesus.

세상 사람들을 바라보면 안 됩니다. 세상 환경과 여건을 바라보지 말아야 합니다.

We should not look to the people of the world. We should not look to the world.

언제 어떻게 변할지 모르는 것이 세상이고 사람들입니다. 그러므로 어제나 오늘이나 영원토록 변함없으신 예수 그리스도를 바라보아야 합니다.

The world and people always change. Therefore, we must look to Jesus Christ who is the same yesterday, today, or forever.

베드로가 세상 파도를 바라봤을 때 넘어졌습니다. 물에 빠졌습니다. 그러나 예수님을 바라봤을 때 물 위를 걸었습니다.

Peter fell when he saw the waves. He fell into the water. But when he looked at Jesus, he was able to walk on water.

우리가 예수님을 바라보지 않을 때 우리에게 시험이 옵니다. 예수님을 바라보지 않으면 우리의 마음이 삐딱해지고 생각이 삐딱해져서 어려움이 오게 되는 것입니다.

When we do not look to Jesus, we will face many difficult times. If we do not look to Jesus, our minds will become tired and weary.

그렇습니다. 예수님만 바라보며 믿음으로 살면 모든 일이 합력하여 선을 이루는 줄로 믿습니다.

That's right. When we look to Jesus and live by faith, all things work together for good.

범사가 형통합니다. 세상을 두려워할 필요가 없습니다. 세상을 겁낼 필요가 없습니다. 왜냐하면 예수님께서 우리와 함께하시기 때문입니다.

Everything will prosper. You do not have to fear the world. There is no need to fear the world. Because Jesus is with us.

말씀으로 천지 만물을 창조하신 그분의 말씀 한마디면 그 어떤 풍랑이라도 잔잔해집니다.

God who created the heavens and the earth by His words alone will calm any storm.

그렇습니다. 우리가 어려움을 당한다고 해도 주님을 바라보며

기도하고

That's right. We must believe that even if we are in trouble, we can pray and look to the Lord;

하나님의 말씀대로, 믿음으로 살면 능력이 나타나서 문제를 해결할 줄로 믿습니다. 사람은 어디를 바라볼지 잘 정해야 합니다.
and when we live by faith according to the word of God, problems will be solved. People should know where to look.

"내가 산을 향하여 눈을 들리라 나의 도움이 어디서 올까 나의 도움은 천지를 지으신 여호와에게서로다(시 121:1-2)."
"I lift up my eyes to the hills - where does my help come from? My help comes from the LORD, the Maker of heaven and earth."

나를 도울 수 있는 분은 예수님밖에 없습니다. 그 예수님을 바라보아야 합니다. 그 예수님을 바라보면 죄를 지을 수 없습니다. 그 예수님을 바라보면 누군가를 미워하고 증오하며 정죄할 수 없습니다.
There is only Jesus who can help us. We have to look at Jesus. If we look at Jesus, we cannot sin. We cannot hate or condemn.

그 예수님을 바라보면 원망 불평이 없어집니다. 기쁨과 감사가 넘칩니다. 그런데 우리는 세상의 것을 너무 많이 봅니다.

When we look at Jesus, the grudge disappears. Joy and thanksgiving overflow. But too often we see too much of the world.

성 프란시스는 우리의 육신을 "고집불통 당나귀"라고 표현했습니다. 육신이 얼마나 게으르고 나태하며 죄짓기 좋아합니까?

St. Francis expressed that our body is like a "stubborn donkey." How lazy and sinful are the flesh?

그래서 성 프란시스는 주인의 뜻대로 살도록 길들이라고 했습니다. 어떻게 길들입니까? "유혹을 이길 거룩한 능력은 원칙이 분명해야 된다"라고 했습니다.

So, St. Francis said to tame our life according to the master's will. How should we be tamed? "We must have the sacred power to overcome temptation."

그 원칙이 무엇입니까? 예수님을 바라보는 것입니다. 그 예수 그리스도를 바라볼 때 인생의 해답이 있습니다.

What is the principle? It is to look to Jesus. When we look to Jesus Christ, we have the answer to life.

자유가 있습니다. 삶이 가벼워집니다. 왜 신경질이 납니까? 왜

스트레스가 쌓입니까? 주님을 바로 바라보지 않을 때 생기는 것입니다.

There is liberty. Life becomes lighter. Why are we anxious? Why is stress built up? This happens when we do not look directly to the Lord.

그러므로 우리는 세상의 것들을 바라보고 달리는 것이 아니라 주님을 바로 바라보며 믿음으로 달려야 합니다. 주님만이 우리의 푯대입니다.

Therefore, we are not to look at and run to the world, but rather run with faith, looking straight to the Lord. Only seeking the Lord is our goal.

스티브 코비가 쓴 『성공하는 사람들의 7가지 습관』이라는 책에 보면 시간관리보다 중요한 것은 방향관리라고 적혀 있습니다.

In Steve Kobe's book, 『Seven Habits of Successful People』, it is more important to manage direction than to manage time.

이민 와서 사는 우리 한국 사람들이 얼마나 바쁘게 살아갑니까? 공항 에스컬레이터 위에서 뛰는 사람 65%가 한국 사람들이라고 합니다.

How busy do Koreans live as immigrants? At the airport escalator, 65% of all travelers are Korean.

그런데 사람의 성공을 좌우하는 것은 그가 얼마나 바쁜가가 아니라, 목적을 정하고 어느 방향으로 뛰어가고 있느냐 하는 것입니다.

But what determines the success of a person is not how busy he/she is, but how he/she chooses his/her purpose and in which direction he/she is running towards.

사랑하는 성도 여러분! 한 해를 마무리하면서 지난날의 버릴 것은 버리고 떠날 수 있기를 바랍니다.

Beloved believers! I pray that you throw away what needs to be thrown away and leave them behind as you finish the year.

어떤 어려움이 있어도 참고 인내하며, 예수님만 바라보며 새해에는 반드시 승리하시기를 주님의 이름으로 축원합니다.

Pray for patience when faced with difficulties, and be blessed in the name of the Lord as you look only at Jesus and be victorious in the New Year.

BILINGUAL
GOSPEL SERMONS
IN REFORMED
THEOLOGICAL
FOUNDATIONS

충성된 청지기가 돼라
Be a Faithful Manager

누가복음 19장 15-26절

"귀인이 왕위를 받아가지고 돌아와서 은화를 준 종들이 각각 어떻게 장사하였는지를 알고자 하여 그들을 부르니 그 첫째가 나아와 이르되 주인이여 당신의 한 므나로 열 므나를 남겼나이다 주인이 이르되 잘하였다 착한 종이여 네가 지극히 작은 것에 충성하였으니 열 고을 권세를 차지하라 하고 그 둘째가 와서 이르되 주인이여 당신의 한 므나로 다섯 므나를 만들었나이다 주인이 그에게도 이르되 너도 다섯 고을을 차지하라 하고 또 한 사람이 와서 이르되 주인이여 보소서 당신의 한 므나가 여기 있나이다 내가 수건으로 싸 두었었나이다 이는 당신이 엄한 사람인 것을 내가 무서워함이라 당신은 두지 않은 것을 취하고 심지 않은 것을 거두나이다 주인이 이르되 악한 종아 내가 네 말로 너를 심판하노니 너는 내가 두지 않은 것을 취하고 심지 않은 것을 거두는 엄한 사람인 줄로 알았느냐 그러면 어찌하여 내 돈을 은행에 맡기지 아니하였느냐 그리하였으면 내가 와서 그 이자와 함께 그 돈을 찾았으리라 하고 곁에 섰는 자들에게 이르되 그 한 므나를 빼앗아 열 므나 있는 자에게 주라 하니 그들이 이르되 주여 그에게 이미 열 므나가 있나이다 주인이 이르되 내가 너희에게 말하노니 무릇 있는 자는 받겠고 없는 자는 그 있는 것도 빼앗기리라."

Luke 19:15-26

"He was made king, however, and returned home. Then he sent for the servants to whom he had given the money, in order to find out what they had gained with it. "The first one came and said, 'Sir, your mina has earned ten more.'" 'Well done, my good servant!' his master replied. 'Because you have been trustworthy in a very small matter, take charge of ten cities.' "The second came and said, 'Sir, your mina has earned five more.' "His master answered, 'You take charge of five cities.' "Then another servant came and said, 'Sir, here is your mina; I have kept it laid away in a piece of cloth. I was afraid of you, because you are a hard man. You take out what you did not put in and reap what you did not sow.' "His master replied, 'I will judge you by your own words, you wicked servant! You knew, did you, that I am a hard man, taking out what I did not put in, and reaping what I did not sow? Why then didn't you put my money on deposit, so that when I came back, I could have collected it with interest?' "Then he said to those standing by, 'Take his mina away from him and give it to the one who has ten minas.'" 'Sir,' they said, 'he already has ten!' "He replied, 'I tell you that to everyone who has, more will be given, but as for the one who has nothing, even what he has will be taken away.'"

일찍이 하나님께서 신적인 권위를 가지고 만드신 것이 가정, 교회, 천국입니다.
From the beginning, God with His divine authority, created the family, church, and the heavens.

가정, 교회, 천국은 그 개념이 서로 바뀔 수 있습니다.
The home, church, and heaven are interchangeable terms.

특별히 교회는 축복의 통로입니다. 교회는 하나님께서 가장 사랑하시고 애정과 관심을 두고 계시는 곳입니다. 왜냐하면 주님의 보혈로 사신 주님의 몸이기 때문입니다.
In particular, the church is the path to blessings. The church is where God loves and shows His affection for us. For the church is the body of the Lord.

교회를 통해서 하나님께서는 우리에게 은혜와 복을 주시고 역사를 움직이시며 세상을 다스리십니다. 그래서 교회는 세상의 소망입니다.

God uses the church to bless others, make history, and rule the world. The church is the hope of the world.

따라서 교회는 부흥해야 합니다. 성장해야 합니다. 교회가 성장하고 부흥하는 것은 대단히 아름답고 영광스러운 일입니다.

Therefore, the church must be revived. It must grow. It is beautiful and glorious when it grows.

교회는 질적으로도 부흥해야 하고 양적으로도 부흥해야 합니다. 안으로도 자라나고 밖으로도 자라나야 합니다. 교회가 성장하면서 여러 가지 어려운 일도 만날 수 있습니다.

The church must be reborn in spirit individually, and also in number. It must grow inside and out. As a church grows, it can face many difficult times.

기쁘고 좋은 일들도 있지만, 힘들고 어려운 일들도 있을 수 있습니다. 그럴 때 그 문제들을 잘 해결해 나갈 수 있다면 교회는 더욱 든든히 세워지고

There are good times, but there can be difficult times. If we can solve these problems well, then the church will be built up more strongly,

더 은혜롭고 더 많은 축복을 경험할 수 있습니다. 그런데 문제는 그 교회의 구성 요소가 누구냐는 것입니다.

with grace, and can receive more blessings. But the question is, what is the church?

그 교회에 누가 있냐는 것입니다. 누가 있습니까? "내가 있습니다." 우리 교회 중심에 내가, 우리가 서 있다는 것입니다.

Who is in the church? Who's there? "I am." We are standing at the center of our church.

우리는 구경꾼이 아니라, 주인공입니다. 손님이 아니라, 주인입니다. 조연이 아니라, 내가 주연입니다.

We are not spectators, but protagonists. We are not the guests, but the owners. We're not sub-characters, but the starring characters.

오늘은 제직임명 주일입니다.

Today, we elect members for 2019 church leadership positions.

교회에 봉사자로 임명받는 분들은 우리 교회에 없어서는 안 될 충성된 청지기들이 되시기를 주님의 이름으로 축원합니다.

We bless in the Lord's name those who are appointed to serve in the church to be loyal stewards of our church.

사람의 가치는 그의 용모나 가지고 있는 지식이나 재산에 있지 않습니다. 다만 그가 어떤 일에 쓰임 받느냐에 달려 있습니다. 다시 말해서 사람의 가치는 내가 가지고 있는 것이 아닙니다.

The value of a person is not in his or her knowledge or possessions. It depends on how he or she is utilized. In other words, the value of a person is not what he or she has or owns.

무엇을 위해 사느냐? 누구를 위해 일하느냐? 무엇에 쓰임 받느냐? 거기에 따라서 가치가 달라집니다. 여러분은 어떻게 생각합니까? 스스로 쓸모 있는 사람이라고 생각합니까?

For what do you live for? Who do you work for? How are you utilized? The value will vary accordingly. What do you think? Do you think you are a useful person?

쓸모 있다면 얼마큼 쓸모 있다고 생각합니까? 사람들은 흔히 잘 먹고 잘 입으면 행복한 줄 압니다만, 행복은 본질적으로 거기에 있지 않습니다.

How useful are you? People often eat well and think that they are happy when they are living well, but true happiness is often not there.

나의 행복은 내게 있지 않습니다. 다른 사람이 나를 필요로 할 때 거기에 진정한 행복이 있습니다. 가정이 날 필요로 하면, 직장이 나를 필요로 하면 나는 행복한 사람인 것입니다.

Happiness is not within us. When others need us, there is happiness. A happy person is when they are needed by family or a job.

교회가 날 필요로 하면 행복한 사람입니다. 다른 사람이 내 가치를 인정해 줄 때 거기에 진정한 행복이 있습니다.

Likewise, when the church needs us, we are happy. When someone else recognizes our value, we feel true happiness.

노처녀가 죽고 싶다고 쉽게 말하다가도, 막상 시집을 가서 아이를 낳고 나서는 죽고 싶다는 소리를 절대로 하지 않습니다. 왜냐하면 아이가 그녀를 필요로 하기 때문입니다.

An aging younger woman might say she wants to die young, but if she happens to get married and has a child, she would not say such a thing. This is because her child now needs her.

그렇습니다. 이 세상에 누구라도 나를 필요로 하는 사람이 있다면 그것은 내가 살아야 할 충분한 이유가 될 수 있습니다.

That's right. If anyone in this world needs us, it can give us sufficient reason to live.

아니, 이 세상에서 나를 필요로 하는 사람이 없어도, 이 세상의 사람들은 나를 잘 모르고 나를 필요로 하지 않아도 나를 필요로 하는 한 분이 있습니다.

No, even if we think there is no one in this world who needs or knows us, there is always someone that cares for us.

그분이 하나님! 바로 하나님입니다. 하나님께서 보실 때는 내가 없어서는 안 될 존재입니다. "당신은 사랑받기 위해 태어난 사람입니다." 믿으시면, "아멘!" 하십시오.

He is God! It is our God. For God, we are someone indispensable. "You are born to be loved." Amen!

그렇습니다. 하나님께서 나를 필요로 하셔서 지금도 나를 이 땅에 두신 것입니다. 그래서 내가 중요합니다. 아브라함이 중요하고, 이삭이 중요하고, 야곱이 중요하고, 요셉이 중요했던 것처럼 내가 중요합니다.

Yes! God needs us, and so we are still on this earth. We are important. As Abraham, Isaac, Jacob, and Joseph were important, so are we.

우리가 중요합니다. 우리는 하나님께서 가장 사랑하는 독생자 예수 그리스도를 이 땅에 보내사 십자가 죽으심을 통하여 구속할 만큼 가치 있는 사람입니다.

We are important. We are so worthy to the extent that God sent his only beloved Son, Jesus Christ, to earth to redeem us through His death on the cross.

그래서 우리는 그 예수 그리스도를 사랑해야 하고 헌신해야 하며 생명 바쳐 충성해야 합니다. 나 같이 못난 사람, 나 같은 죄인에게 하나님께서 은혜 주셔서,
Therefore, we have to love and devote our lives to serve Christ. We should be grateful because sinners like us are lacking, but,

내가 예수님을 믿고 구원을 얻어 행복하게 사는 것도 감사한데 교회를 위해 봉사하도록 직분을 주셨으니 얼마나 감사합니까?
have been saved by believing in Jesus Christ, and we are now given the opportunity to serve in various ministries at church.

하나님 편에서, 교회 편에서 충성하시기 바랍니다. 자기 생각대로 자기 마음대로 하지 말고 말씀에 순종해서
Please stand loyal to the church and the side of God. Do not just do what you want, but obey the Word,

에스더처럼 "죽으면 죽으리라(에 4:16)," 야곱처럼 "잃게 되면 잃으리로다(창 43:14)" 하며 일편단심, 일사각오의 정신으로 충성된

청지기들이 되시기를 축원합니다.
and have faith like Esther, "If I die, I will die." Like Jacob, "If I lose, I will lose." I pray that you will all be loyal stewards with a determined spirit.

그렇게 살면 여러분의 인생을 하나님께서 책임져 주시고 은혜와 축복의 문이 열릴 줄로 믿습니다.
I believe that if we live like this, God will take charge of our lives and open the doors of grace and blessings.

예수님께서 유월절 절기를 지키려는 수많은 순례자와 함께 예루살렘 성으로 가시면서 한 비유의 말씀을 하셨습니다.
Jesus spoke in a parable as He went to the city of Jerusalem with many pilgrims to observe the Feast of Passover.

"어떤 귀인이 왕위를 받아 가지고 오려고 먼 나라로 갈 때에 그 종 열을 불러 은화 열 므나를 주며 이르되
"A man of noble birth went to a distant country to have himself appointed king and then to return. So he called ten of his servants and gave them ten minas.

내가 돌아올 때까지 장사하라 하니라 … (눅 19:12-13)." 그런데 왜 므나를 종들에게 맡겨 주었습니까? 므나를 맡겨준 이유는 분

명했습니다.

'Put this money to work,' he said, 'Until I come back.'" Why did he leave him minas to his servants? The reason for leaving them with the money was obvious.

장사하라는 것입니다. 왕이 없는 동안에 열심히 일해서 이윤을 남기라는 것입니다.

They were asked to invest. They were asked to work hard while the king was away and to make a profit.

그들이 받은 한 므나는 석 달 임금에 해당하는 그리 큰돈은 아니었지만, 왕은 종들의 충성심을 보고 싶었습니다.

One mina that they received was three-months worth of labor, and wasn't much money, but the king wanted to see the loyalty of his servants.

이 돈을 신실하게 잘 관리해서 자기가 돌아올 때 이익을 보여 달라는 것입니다. 그리고 오랜 후에 왕이 돌아왔습니다.

This money was expected to be managed well and to show profits when he comes back. And after a long time, the king came back.

종들을 불러 계산을 하는데 열 므나를 남긴 종의 충성을 보고 기뻐하면서 "잘하였도다 착한 종아" 하고 칭찬하면서 열 고을을 다 스릴 권한을 상급으로 주었습니다.

The king was happy and rewarded the first servant who gained 10 minas for his loyalty, and thus gave him authority to rule ten cities.

다섯 므나를 남긴 두 번째 종도 동일한 칭찬과 더불어 다섯 고을을 다스리게 했습니다.

The second servant who gained five minas was also praised and was given the authority to rule five cities.

그런데 세 번째 종은 한 므나를 되돌려 줌으로 "악하고 게으른 종아" 하며 무서운 책망을 받았습니다. 비유에 나타난 세 종은 세 종류의 사람을 대변하는데,

But the third servant, who did not do anything with the mina, received a terrible rebuke, "You are a wicked and lazy servant." This parable represents three kinds of people:

첫 번째 종은 많은 이익을 남긴 충성스러운 종을 대변하고, 두 번째 종은 적당한 이익을 남긴 보통의 종,

the first represents a loyal servant who gained many profits, the second servant is a normal servant with modest profits,

그리고 세 번째 종은 전혀 이익을 남기지 않은 종을 대변하고 있습니다. 첫 번째 종과 두 번째 종에게는 칭찬과 상급이 주어졌습니다.

and the third servant represents someone who gains nothing. The first and second servants were given praise and rewards.

그러나 세 번째 종에게는 책망과 징벌이 가해졌습니다. 그 한 므나를 빼앗아 열 므나 있는 자에게 주라는 것입니다.

But the third servant was rebuked and punished. His mina was taken away from him and was given to the one who has ten minas.

어떻게 보면 너무 잔인한 것 같지만, 그것이 성경이 우리에게 가르치는 중요한 교훈입니다. 그렇습니다. 하나님께서는 우리의 충성심을 보고 계십니다.

It may seem cruel in some ways, but this is an important lesson that the Bible teaches us. That's right. God is watching us.

그 충성심에 따라 상급을 주십니다. 그래서 " … 죽도록 충성하라 그리하면 내가 생명의 관을 네게 주리라(계 2:10)"라고 하십니다.

He gives us rewards according to our loyalty. So "Be faithful, even to the point of death, and I will give you the crown of life."

그럼 어떻게 해야 충성할 수 있습니까? 어떤 마음으로 봉사해야 잘 감당할 수 있습니까? 믿음으로 해야 합니다.

So how can we be loyal? What kind of heart should we have when we serve? We must do it with faith.

보통 교회일, 주의 일을 할 때 내 힘으로 하려고 하는데 그렇게 하지 말고 하나님께서 주시는 힘으로 해야 합니다.

When we do church work, we should do it not just with our own strength, but with the power God gives to us.

우리가 잘 아는 대로 구원은 믿음으로 얻습니다. "주 예수를 믿으라 그리하면

As we know well, salvation is by faith. "Believe in the Lord Jesus, and you will be saved—

너와 네 집이 구원을 받으리라(행 16:31)," "너희는 그 은혜에 의하여 믿음으로 말미암아 구원을 받았으니 이것은 너희에게서 난 것이 아니요 하나님의 선물이라(엡 2:8)."

you and your household." "For it is by grace you have been saved, through faith and this is not from yourselves, it is the gift of God."

믿음이 무엇입니까? 하나님의 말씀에 순종하는 것, 성령의 감동

에 순종하는 것이 믿음입니다. 똑같이 들어도 그 말씀에 순종하지 않으면 믿음이 없는 것입니다.

What is faith? Obeying the Word of God, obeying the faith that was inspired by the Holy Spirit. If you hear the Word but do not obey it, you have no faith.

믿음은 하나님께서 이렇게 저렇게 말씀하면 그대로 받아들이는 것입니다. '오늘 주일이니 교회 가서 예배드려야지.' 두 사람이 똑같이 그런 마음이 들었는데

Faith is what we accept and act upon when God speaks. 'Today is Sunday, and you have to go to church and worship.' Two people may hear this,

한 사람은 순종하고 한 사람은 교회에 가지 않고 놀러 가면, 한 사람은 믿음이 있고 한 사람은 믿음이 없어서 그렇습니다.

but one obeys and one does not. The one who obeys and goes has faith while the other does not.

그런데 우리가 오해하는 것이 있습니다. 구원을 믿음으로 얻는 것처럼, 봉사도 믿음으로 해야 하는데

However, we often have misunderstandings. Just as we receive salvation by faith, our service must also be by faith.

봉사는 내 힘으로, 충성은 내 노력으로 한다고 생각합니다. 그래서 보통 교회 직분을 받으면

But we often think that our service is through our strength, and loyalty through our efforts. So when we're usually given a new position,

해보지도 않고 "나는 못 합니다," "나는 바쁩니다," "나는 할 수 없습니다"라고 말합니다. 왜 그렇습니까? 믿음이 없어서 그렇습니다.

we automatically say "No" to it without even trying the position out. We say, "I am too busy" or "I cannot do it." Why? It's because we do not have faith.

믿음으로 구원을 받은 것처럼 믿음으로 하면 되는데 믿음이 없으니 못한다는 것입니다.

Just as we were saved by faith, we can do things by faith, yet we say we cannot because we have no faith.

그렇습니다. 내 힘과 내 노력으로 주의 일, 교회 일을 하려고 하니까 여러 가지 문제가 생기고 어려운 것입니다.

That's right. We try to do the work of the Lord at church by our own efforts, so various problems and difficulties arise.

가정 일도, 자녀 일도, 직장도, 사업도, 교회 모든 일도 믿음으로 하면 되는데 내 힘과 노력으로 하려고 하니까 되지도 않고 힘만 드는 것입니다.

When dealing with family, children, jobs, businesses, and church matters, we try to do resolve issues using our own human efforts, and that is why we feel difficulties.

그래서 하나님을 의지하는 믿음으로 살아야 합니다. 믿음으로 살려면 나를 먼저 부인해야 합니다.

This is why we must live our life with God-reliant faith. If we want to live by faith, we must deny ourselves first.

내 힘을 빼야 합니다. 내가 가진 모든 것을 다 내려놓아야 합니다. 지식, 건강, 재물, 재능을 가지고 하려면 못합니다.

We have to let our strengths and possessions down. Knowledge, health, wealth, and talent—it doesn't work if you try to gain only these.

그렇습니다. 신앙생활에서는 기본이 중요합니다.

That's right! What is important in the life of faith is the basics.

받은 달란트가 많거나 오랫동안 교회를 받아 훈련을 받았다고 해서 믿음이 좋은 훌륭한 그리스도인이 아닙니다.

A good Christian with faith is not someone who has received many talents or has been trained in church for a long time.

훌륭한 그리스도인은 기본 신앙생활에 충실했던 사람입니다. 신앙의 기본에 충실했던 사람은 항상 변함이 없습니다.

A good Christian is someone who has been faithful to the basics of his faith. People who have been faithful to the basics of faith are steady.

늘 믿음직하고 꿋꿋합니다. 그러나 신앙의 기본이 없는 사람은 잔재주를 부립니다. 비겁합니다.

Always reliable and strong. However, a person who does not have a foundation for faith is at a loss. Often cowardly.

부수적인 일에 관심이 많습니다. 작은 일에도 상처를 쉽게 받고 오해를 잘합니다. 시험에 들고 넘어지기를 잘합니다.

They are interested in ancillary things. Even small things can easily hurt and be misunderstood. They easily fall when tested.

그러므로 성도에게는 기본이 중요합니다.

Therefore, the foundation is important to Christians.

신앙생활에서 기본철학이 중요합니다. 왜 열매가 없을까요? 왜 능력이 없을까요? 왜 은혜와 축복이 없을까요?

The basic philosophy is important in the life of faith. Why is there no fruit? Why is he not capable? Why is there no grace or blessing?

신앙의 기본이 없기 때문입니다. 그렇다면 신앙생활의 기본이 무엇입니까? 죽는 것입니다. 즉, 자기 부정, 자기 부인입니다.

It is because there is no foundation of faith. So what is the basis of your faith life? It is to die. It's self-denial.

" … 한 알의 밀이 땅에 떨어져 죽지 아니하면 한 알 그대로 있고 죽으면 많은 열매를 맺느니라(요 12:24)."

"Unless a kernel of wheat falls to the ground and dies, it remains only a single seed. But if it dies, it produces many seeds."

" … 누구든지 나를 따라오려거든 자기를 부인하고 … (막 8:34)."
자기를 부인하는 것입니다.

"Whoever wants to be my disciple must deny themselves and take up their cross and follow me…" It is denying oneself.

자기는 죽고 예수님의 생명으로 사는 것, 그것이 믿음입니다. 그렇다면 누가 죽을 수 있습니까? 누가 희생할 수 있습니까? 바로 은혜 받은 사람입니다.

This faith is when we deny ourselves and live the life of Jesus. If so, who can die? Who can be sacrificed? It's someone who has received grace.

은혜를 받으면 죽습니다. 은혜를 받으면 희생합니다. 은혜를 받으면 충성합니다.

When we receive grace, we die. When we receive grace, we sacrifice ourselves. When we receive grace, we are loyal.

은혜를 받으면 삶 속에서 구원의 역사가 일어납니다. 은혜 받은 사람은 믿음으로 살게 되고

When we receive grace, the work of salvation takes place in our lives. Those who receive grace live by faith,

믿음으로 살면 능력이 나타납니다. 구원의 역사, 기적의 역사, 은혜의 역사가 나타나는 것입니다.

and when they live by faith, their strengths appear. The work of salvation, the work of miracles, and the work of grace appear.

저는 골프를 칠 줄 모릅니다만, 골프 치는 분들의 이야기를 들어보면 골프는 자기 힘으로 치면 안 된다고 합니다.

I do not know how to play golf, but when I listen to golfers, they say that one should not swing using one's own force.

조그마한 골프공을 갖다 놓고 '멀리 쳐야지' 하며 이를 악물기 시작하면, 2가지 현상이 나타나는데 첫 번째는 공이 숲 이상한 곳으로 날아간답니다. 그것을 OB라고 한다지요?
If one tries to swing hard at the small golf ball and you miss hit it, it will go towards the trees. Is this called OB?

아니면 자기 있는 힘을 다해서 휘둘렀는데 공이 통통통 앞에 떨어진답니다. 그래서 골프에서 중요한 것이 힘 빼기랍니다.
Or if one tries to swing with all his strength, he might miss the ball or it might fall short. So what's important in golf is the controlling one's power.

힘 빼는 데 사람마다 조금 다르겠습니다만, 약 3년이 걸린다고 합니다.
Though it's a little bit different for different people, it normally takes about three years to learn control.

그렇습니다. 교회, 봉사, 교회, 충성도 자기 힘이 다 빠져야 믿음으로 할 수 있습니다. 교회 직분을 받아 감당할 때
That's right. To do church service and loyalty, one has to do

it without one's strength and do by faith. When you receive a position at church,

내 힘이 다 빠지고 나면 그 안에 주님께서 들어오셔서 일하기 시작하십니다. 하나님께서 주시는 힘이 있는데 그것이 믿음의 힘, 은혜입니다.

when our strength is exhausted, then the Lord comes in and guides us, and the power of God works in us. This is the power of faith and His grace.

그렇습니다. 내 힘으로는, 내 노력으로는 힘들고 부족하지만, 하나님께서 공급해주시는 힘, 그 믿음으로 하니까 잘 되더라는 것입니다.

That's right. Our strength and efforts are not enough, but when we work with the power of God, then we can be successful in all our endeavors.

그러므로 자꾸 자기 힘으로 하려 하지 말고 당신의 모든 염려를 주께 맡기십시오. 하나님께 맡기고 믿음으로 순종하면 매사가 형통하게 될 줄로 믿습니다.

Therefore, do not try to do it yourself, but "Cast all your anxiety on him." Trust that if you submit to God and obey in faith, you will be prosperous.

내 힘과 노력으로는 헌금하기가 쉽지 않습니다. 인간적으로 '어떻게 번 돈인데'라는 생각이 들 수 있습니다.

Offering—this cannot be done through our strength and efforts. If we think in human terms, we can get caught up with how we earned the money,

그러나 믿음으로 하면 쉽습니다. 얼마든지 할 수 있습니다. 사랑하는 것과 용서는 어떨까요? '미워하지 말고 사랑해야지'라고 생각하기는 쉽습니다,

but if we think in faith, then it's easy. You can give as much as you like. Love and forgiveness—'I will not hate but love'—

그런데 생각하면 할수록 더 미워집니다. 하지만 하나님께서 주시는 은혜, 그 믿음으로 하면 할 수 있습니다.

but the more we think about it, the more we hate. But through the grace of God and faith, we can do all things.

요셉이 형들의 미움을 받아 애굽으로 팔려 갔습니다. 그는 보디발의 아내의 유혹을 거절하고 억울하게 감옥에 들어갔습니다.

Joseph was hated by his brothers and was sold to Egypt. He rejected the temptation of Potiphar's wife and went into jail.

그는 감옥에서 '어디 두고 보자' 하며 이를 악물고 참지 않았습니다. 총리대신이 되고 복수의 마음으로 형들을 기다렸던 것 아닙니다.

When he was in prison, he didn't hold a grudge. He didn't plot against his brothers to take revenge as prime minister.

그럼 어떻게 그 힘든 고난의 길을 견뎠을까요? 오직 믿음이었습니다. 자기 노력으로 참은 것이 아니라 하나님께서 주시는 힘으로 참았던 것입니다.

How then was he able to endure the hard path of suffering? It was only through his faith. It was not with his own efforts but with the power of God.

그는 낙심하고 좌절하며 기다린 것 아니라 믿음으로 하나님의 섭리를 기다렸습니다. 교회 다니는 사람 중에 어떤 사람을 보면 "교회가 어쩌고저쩌고 … " 하며 남의 이야기하듯이 쉽게 하는데

He waited for God's providence in faith, not in discouragement or frustration. If you look at some of those who go to church, they gossip a lot.

그것은 잘못된 행동입니다. 사실 그것은 '남'의 이야기가 아닌 '우리'의 이야기입니다. 왜냐하면 우리가 그 교회 안에 속해 있는 구성원이기 때문입니다.

But this is wrong. That's not 'their' story, but it's 'our' story. Because we are all members of the church.

따라서 교회 구성원은 책임 의식이 있어야 합니다. '내 교회'라는 충성심이 있어야 합니다.
Therefore, members of the church must have a sense of responsibility. There must be this loyalty about 'my church.'

성도는 자기 교회에 대한 자부심이 있어야 합니다. 그래서 내 모습이 대단히 중요합니다. 내가 받은 직분이 대단히 중요합니다.
Christians must have pride in their church. So appearance is very important. The position you receive is very important.

왜일까요? 하나님께서는 나를 통해서, 우리가 받은 그 직분을 통해서 영광을 받으시기 때문입니다. 바울이 복음을 전하다가 로마의 차디찬 감옥에 갇혔습니다.
Why? Because God is glorified through us, through the positions we receive. Paul preached the gospel and was trapped in a cold prison in Rome.

그때 그는 "항상 기뻐하라, 내가 다시 말하노니 기뻐하라, 범사에 감사하라"라고 말했습니다. 어떻게 그렇게 할 수 있었습니까? 그는 인간적으로는 어려워도 믿음으로 하나님께서 주시는 힘과 능력으로 그렇게 할 수 있었습니다.

Then he said, "Rejoice always, I say again, rejoice, thank all things." How could you do that? Even though it is difficult, we could do it with the power God gives us by faith.

그렇습니다. 교회 봉사는 하나님께서 주시는 힘과 능력, 그 은혜로 말미암아 믿음으로 해야 합니다.

That's right. Serving at church must be done by faith through the power of God in grace.

그래서 직분을 받을 때 바쁘다거나, 힘들다거나, 시간이 없다거나, 나는 못 한다거나, 나는 안 된다는 그런 소리를 하면 안 됩니다.

So, when we get a position, we shouldn't avoid it because we are busy or we lack the skills, etc.

그렇게 반응하는 것은 다 믿음이 없어서 자기 힘으로 하는 줄 알아서 그런 것입니다.

That's only when you do not have faith, and think that you have to expend much effort.

그러므로 교회의 직분은 누구나 받을 때 감사하고 감격해야 합니다.

Therefore, every position received should be accepted with a grateful and enthusiastic heart.

바울은 "나를 능하게 하신 그리스도 예수 우리 주께 내가 감사함은 나를 충성되이 여겨 내게 직분을 맡기심이니(딤전 1:12)"라고 고백했습니다.
Paul said, "I thank Christ Jesus our Lord, who has given me strength, that he considered me trustworthy, appointing me to his service."

어차피 내 힘과 노력으로 하는 것 아니라, 하나님께서 주시는 은혜로 할 것입니다.
We will not do it anyway with our own strength and effort anyway, but with the grace of God!

내가 힘든 일을 맡으면 그만큼 하나님께서 많은 은혜를 주실 테니 해 보십시오! 믿으시면, "아멘"하세요.
If you take on a difficult job, God will give you so much grace! "Amen" if you believe!

그렇습니다. 지금까지 우리가 살아온 것이 하나님의 은혜라면 그 은혜에 합당한 충성과 봉사를 하고 있습니까?
That's right. If we have been living God's grace so far, are we

serving loyally worthy of this grace?

행여나 교회 직분이 감투나 명예라고 생각하면 큰일입니다.
Please do not think that the church position you receive is for honor.

그런 사람은 자기 욕망이 충족되지 않고 자기 생각이나 주장이 받아들여지지 않으면 문제를 일으킵니다.
Such persons cause problems if their desires are not satisfied or if their thoughts or arguments are not accepted by others.

그냥 원망하고 불평합니다. 다른 사람에게 상처를 줍니다. 주위를 어지럽힙니다. 교회를 떠납니다. 주님을 배신합니다.
They just grumble and complain. They hurt others. They ruin the atmosphere. They eventually leave the church. They betray God.

성도가 본질적인 문제를 외면하고 지엽적인 문제에 휘말리면 시험에 듭니다. 그래서 개인의 욕심에 사로잡히면 안 됩니다.
If Christians turn away from the important issues and get caught up in meaningless arguments, they will be tested. So do not get caught up in self-greed.

주님을 위해서, 교회를 위해서 힘들고 어려운 일을 각오해야 합니다. 그것이 얼마나 영광스러운 일이고 축복받을 일인가는 두고 보면 압니다. 그렇습니다. 예수님을 믿는다는 것은 쉬운 일이 아닙니다.

For the Lord, we must be ready to work hard for the church. Know how glorious it is to be blessed. That's right. It is not easy to believe in Jesus.

특별히 장로, 권사, 집사로 교회를 섬긴다는 것을 쉽게 생각하지 마세요. 쉽다고 생각하면 문제 있습니다.

Especially, do not think that you serve the elders and deacons. If you think the job is easy, there is a problem.

교회를 섬기는 것이 쉽습니까? 손들어 보십시오. 이럴 때 손들면 졸던 사람입니다.

Is it easy to serve the church? Can I see some hands? Those who raise now are those who fell asleep.

교회를 섬길 때는 수많은 어려움을 각오해야 합니다. 교회라는 곳이 내 돈 내놓고도 눈치를 봐야 하잖아요.

When you serve the church, you have to face a lot of difficulties. Church is a place where we have to be constantly mindful of our offerings.

그런데 '나는 누가 뭐라고 해도 좋다,' '누가 어떻게 생각하든 좋다,' '그저 내가 주님을 위해서라면,' '주님의 몸 된 이 교회를 위해서라면 시험이 와도 환란이 와도 그 어떤 어렵고 힘든 일이 찾아와도 나는 괜찮다,'

But whatever anyone may say or think, 'If it is for the Lord and for the church,' 'even if testing times and tribulations may come,' then we will be okay

'각오가 돼 있다,' '기쁨으로 감당하리라,' '내 목숨과 생명 바쳐 섬기겠다'는 각오가 있으면 승리할 줄로 믿습니다. 안 되는 가정, 안 되는 사업, 안 되는 교회는 항상 그 속에 목숨 거는 구성원이 없어서 그렇습니다.

and 'will still continue to serve our life joyfully.' If there's no member who doesn't commit their life, then the family, job, and church balance will not work.

그렇습니다. 세상의 그 어떤 일보다 교회 일이 중요합니다. 그래서 항상 교회 일을 삶의 최우선순위에 두어야 합니다.

That's right. Church work is more important than any other work. So we must always keep the church work as the number one priority of our life.

그런데 교회 일을 먼저 하라는 말을 오해하면 안 됩니다. 세상에서 내가 하는 일은 적당히 해도 된다는 말이 아닙니다.
Do not misunderstand the words that church work should be done first. It also does not mean that you should neglect your regular work.

열심히 해야 합니다. 그러나 어떤 때는 내 가정 일보다, 어떤 때는 내 직장, 사업, 돈 버는 일보다, 어떤 때는 내 육신의 그 어떤 일보다 교회 일을 먼저 하겠다는 결심이 있어야 합니다.
You have to work hard. However, sometimes we have to choose between church and regular work.

예수님께서 자기를 따르겠다는 사람들에게 "나를 쫓으라" 하셨습니다. 그런데 어떤 사람은 먼저 부친의 장례를 치르고 나서, 어떤 사람은 결혼 먼저, 어떤 사람은 농사짓기 위하여 소를 먼저,
Jesus said to the people who asked to follow him, "Follow me." But many gave excuses, such as going to parent's funeral, getting married, doing farm work,

어떤 사람은 자기 가족과 먼저 작별하고 따르겠다고 말했습니다. 모두가 다 일리 있는 말입니다. 그런데 예수님께서는 그것을 핑계라고 하셨습니다. 주님을 따를 때는 그런 것으로 핑계하지 말라는 것입니다.
saying goodbye to the family, etc. However, Jesus said those

were excuses. When you follow the Lord, do not make an excuse.

교회 일이 먼저라는 것입니다. 주님을 따르는 것이 먼저라는 것입니다. 세상 일을 다 하고 나서 교회 일을 하는 것 아니라, 교회 일을 먼저 하고 나서

The work of the church is first. The Lord's work is first. Do not work the world's work first and then come to the church, but do church work first

세상 일을 해야 범사가 형통합니다. "그런즉 너희는 먼저 그의 나라와 그의 의를 구하라 그리하면 이 모든 것을 너희에게 더하시리라(마 6:33)."

and then the world work after. "But seek first His kingdom and His righteousness, and all these things will be given to you as well."

그렇습니다. 우리 삶의 최우선순위는 언제나 교회 일입니다. 교회 봉사자들은 예배를 비롯해서 교회 모임, 교회 행사가 제일 우선입니다.

That's right. The priority of our lives is always church work. Church work, church services, church meetings, and so on should be prioritized.

그렇습니다. 창조주 하나님, 전능자 하나님, 그 하나님을 위해서 일한다는 것은 은혜 중에 은혜입니다.

That's right. It is grace that we are working for God the Creator and the Almighty God.

축복의 통로가 되는 교회를 위해서 일한다는 것은 영광과 축복입니다. 가끔 어떤 분은 좀 쉬었다가 하겠다고 합니다.

It is an honor and a blessing to work for a church and it is a channel of blessing. Sometimes, some people say that they will take a break.

주님의 일, 교회 일은 쉬다가 하는 일이 아닙니다. 주님께서 어느 날, "아무개야, 쉬는 게 그렇게 좋으냐?

The work of the Lord, the work of the church, is not something we can take a rest from. One day Lord asks, "Do you like to rest that much?

그래, 아주 푹 쉬어라" 하면 인생은 끝납니다. 법무부 장관을 지내고 국정원장을 지낸 김승규 장로님을 제가 작년에 서울에서 만났는데

If so, you can take a break forever." Our life will end. Elder Kim Seung-gyu, whom I met in Seoul last year, is the eldest son of Kim Jong-gyu,

장로님 가정은 5대째 예수님을 믿는 가정인데 재임 때 간첩을 잡고 그 자리에서 쫓겨났습니다.

who served as a minister at the Ministry of Justice. His family of five generations believed in Jesus. But after catching a spy, he was let go of the office.

정말 이상한 나라입니다. 그런데 그 장로님 가정은 교회밖에 모른다고 합니다. 가족이 모두 모이면 성경암송대회를 한다고 합니다.

It's a strange country. The elderly family was committed to church always. When their family gathers, they have a Bible recitation contest.

성경을 많이 읽은 사람에게 상 준다고 합니다. 누구나 할 것 없이 교회에 다 충성한다고 합니다. 그리고 형제들이 다 장로인데 세상적으로 다 성공했다고 합니다.

They give prizes to those who read the Bible most. Everyone is loyal to the church. All the brothers are elders and are all successful in the world.

그렇습니다. 여러분에게 지식이 있고 건강이 있고 재물이 있을 때 열심히 봉사하세요. 힘이 있을 때 주님을 위해 무엇이든지 충성하세요.

That's right. Serve diligently when you have knowledge, health, and wealth. When you have strength, serve faithfully for the Lord

사랑하는 성도 여러분! 충성스러운 청지기들이 되어 믿음으로 열 므나를 남기세요. 안 되면 믿음으로 다섯 므나라도 남기세요.
Beloved believers! Be loyal stewards and gain 10 minas with faith. If you do not, at least get five minas with faith.

그리고 "잘하였도다 착하고 충성된 종아(마 25:21)"라는 칭찬과 상급을 받으시기를 주님의 이름으로 축원합니다.
And in the name of the Lord, receive His praise "Well done, good and faithful servant!"

BILINGUAL
GOSPEL SERMONS
IN REFORMED
THEOLOGICAL
FOUNDATIONS

감사를 찾아라
Find Reasons to be Thankful

하박국 3장 17-18절

"비록 무화과나무가 무성하지 못하며 포도나무에 열매가 없으며 감람나무에 소출이 없으며 밭에 먹을 것이 없으며 우리에 양이 없으며 외양간에 소가 없을지라도 나는 여호와로 말미암아 즐거워하며 나의 구원의 하나님으로 말미암아 기뻐하리로다."

Habakkuk 3:17-18

Though the fig tree does not bud and there are no grapes on the vines, though the olive crop fails and the fields produce no food, though there are no sheep in the pen and no cattle in the stalls, yet I will rejoice in the LORD, I will be joyful in God my Savior.

●

어떤 집사님이 천사의 안내를 받으면서 하늘나라 창고를 구경하게 되었습니다. 한 창고를 보니까 텅 비어 있었습니다.

A deacon was given a tour of heaven by an angel - they visited a couple storehouses. One was completely empty.

안내를 하는 천사가 설명을 하는데 "사람들이 하나님께 간구한 기도의 응답으로 이 창고에 들어 있는 하늘나라 보화를 다 내어 주었기 때문에 텅 비어 있습니다."

The angel explained, "This storehouse is empty because all of its heavenly treasures are given to those who ask in prayer."

그런데 다른 한 창고를 보니 아직도 하늘나라의 보화가 가득 차 있었습니다.

But the storehouse next to it was filled full with the heavenly treasures.

안내하는 천사가 말하기를 "이 창고에 있는 보화들은 하나님께 감사를 드리는 사람을 위해서 주려고 예비해 놓은 것인데 하나님께 감사하는 사람이 별로 없어서 이렇게 가득 쌓여 있습니다"라고 했습니다.

The angel said, "The heavenly treasures here are given to those who give thanks to God. Not many people thank God, so it is unfortunately full."

깨어 보니 꿈이었습니다. 그렇습니다. 우리의 신앙생활에서 기도가 중요합니다. 기도가 신앙생활의 핵심입니다.

The deacon woke up and realized that it was a dream. That's right. Prayer is important in our walk with God. Prayer is the focal point of our walk with God.

기도해야 응답받습니다. 우리가 원하는 것을 하나님께 구하는 것이 중요합니다. 그런데 성도에게 감사 또한 중요합니다.

Pray so that it can be answered. It is important to ask God what we want. But gratitude is also important for believers.

기도의 응답으로 주어진 은혜와 축복에 대한 감사가 반드시 있어야 합니다. 그러므로 우리의 신앙생활에 있어서 감사는 매우 중요합니다.

We must be grateful for all grace and blessings received through an answered prayer. Thanksgiving is extremely important in our walk with God.

감사해야 더 큰 은혜와 축복을 받을 수 있습니다. 그런데 우리는 그 감사를 가끔 잊어버리고 살 때가 너무 많이 있습니다. 열매를 보면 나무를 알 수 있습니다.

With gratitude towards God, we can receive greater blessings. However, we forget to be thankful often. One can tell the type of tree by seeing its fruit.

사과나무에는 사과가 달립니다. 감나무에는 감이 열립니다. 마찬가지로 성도의 삶에는 감사가 있어야 합니다. 감사의 열매가 있어야 합니다.

For example, apple trees bear apples. Persimmon trees bear persimmons. Likewise, believers must be characterized by gratitude. They must bear fruits of thanksgiving.

우리가 한 사람의 신앙생활을 볼 때 감사하는 모습을 보고 그 사람을 평가할 수 있습니다. 감사할 줄 아는 사람은 모든 것을 긍정적으로 생각하고 긍정적으로 살아갑니다.

A person's walk with God can also be evaluated by the way they show gratitude. People who know how to give thanks think and live positively.

그래서 항상 소망을 가지고 기뻐하고 즐거워합니다. 얼굴에는 언제나 웃음이 있고 밝습니다. 마음속에는 평안이 있습니다. 만족이 있습니다.

They always rejoice with hope. Smiles never leave their faces and they are bright. They have peace in their hearts. They are satisfied.

이런 사람들은 인생을 결코 헛되이 살지 않고 보람되고 가치 있게 살아갑니다. 그러나 감사할 줄 모르는 사람들은 언제나 부정적인 생각을 합니다.

They do not waste their life on meaningless things, but live a valuable and meaningful life. But those who do not know how to give thanks always think negatively.

그들에겐 웃음이 없습니다. 마음속에 원망과 불평과 불만이 가득 차 있기 때문에 기뻐할 수가 없습니다.

They have no laughter. They cannot rejoice because their hearts are filled with resentment, complaints, and dissatisfaction.

언제나 부정적인 말을 하면서 안 된다고 합니다. 그래서 계산하고 따지기를 좋아하며 피곤한 삶을 살아갑니다.

They always speak pessimistically. They are calculative and

quarrel with one another. They live a wearisome life.

그러므로 우리는 하나님 앞에서나 사람 앞에서 늘 감사할 줄 아는 사람이 되어야 합니다.
Thus, we need to be someone who knows how to be thankful towards God and others.

우리가 감사하면서 살 때 더 많은 감사의 조건이 우리에게 주어지는 줄로 믿습니다.
We will have more to be thankful for when we live in gratitude.

우리가 감사를 찾아 감사할 줄 알 때 하나님께서 우리에게 은혜를 주시고 더욱 축복해 주시는 것입니다.
God pours out his grace and blessings all the more when we know how to give thanks and are grateful.

그렇습니다. 여러분의 생활 속에서 감사를 찾아 하나님 앞에서 감사하시기 바랍니다. 받은 은혜에 감사하시기 바랍니다. 범사에 감사하시기 바랍니다.
That's right. Be thankful before God by finding gratitude in your life. Give thanks for the grace you have received. Give thanks in all circumstances.

깨닫고 감사하시기 바랍니다. 잘된 일에 감사하시기 바랍니다. 그뿐만 아니라 잘못된 일도 감사하세요. 그것이 믿음의 감사이고 범사의 감사인 것입니다.

Recognize and give thanks. Give thanks for what happened, both good and bad. Give thanks in all circumstances.

그렇습니다. 감사할 때 안 되는 일이 없습니다. 감사하면 저절로 잘 됩니다. 그래서 감사를 찾아야 합니다.

That's right. Nothing goes wrong when we are thankful. Things automatically go well when we are thankful. So we need to find gratitude in our life.

감사할 때 불가능한 일도 가능하게 됩니다. 감사할 때 안 되던 일도 잘되고 형통합니다.

What was impossible becomes possible when we are thankful. Things that were not going well go well and prosper when we are thankful.

왜냐하면, 하나님께서는 감사를 찾아 "이것도 감사, 저것도 감사" 하면서 늘 감사하는 사람에게 기적을 베풀어 주십니다.

It is because God blesses those who thank Him and find gratitude in their lives.

이미 받은 축복을 찾아서 감사할 때 더 큰 은혜로 역사하실 것을 믿습니다. 범사에 감사를 찾아 감사해야 하나님께서 도와주실 줄로 믿습니다.

God pours out greater grace when we thank Him with the blessings that we have already received. God helps when we thank Him in all circumstances.

왜 원망합니까? 왜 불평합니까? 왜 힘들어합니까? 왜 염려, 근심, 걱정합니까?

Why do we grumble? Why do we complain? Why do we become wearisome? Why do we worry and become anxious?

감사를 찾지 못하고 감사가 없어서 그렇습니다.

It is because we fail to find gratitude in our life. It is because there is no thanksgiving.

환경이 어렵다고요? 경제가 불황이라고요? 속지 마세요. 아닙니다. 감사를 찾아보세요.

Is it because you are facing a difficult situation? Is it because there is an economic depression? Do not be deceived. Those are not the problems. Find gratitude in your life.

기적이 나타납니다. 감사를 찾지 못하고 감사가 없는 게 더 큰 문제입니다.

Miracles can happen. The big problem is that we fail to be thankful and do not seek gratitude.

애굽에 흉년이 안 들었으면 요셉이 총리가 될 수 있었을까요?

Could Joseph have become the prime minister if there was no famine in Egypt?

이스라엘에 흉년이 안 들었으면 야곱의 식구가 요셉을 만나 살기 좋은 애굽 고센 땅으로 이민할 수 있었을까요?

If there were no famine in Israel, would it have been possible for Jacob's family to meet Joseph and move to Goshen, the good land of Egypt?

그러므로 성도는 위기를 축복의 기회로 볼 수 있어야 합니다. 왜 힘들다고 합니까? 왜 어렵다고 합니까?

Therefore, believers need to be able to see a crisis as an opportunity of blessing. Why do you say it's hard? Why do you say it's difficult?

감사가 없어서 그런 것입니다. 찾아보면 얼마든지 감사할 일이 많습니다. 아멘!

It is because we lack gratitude. There are so many things to be grateful for if we seek to be thankful. Amen!

원망과 불평은 실패와 시험의 바이러스입니다. 원망하고 불평하면 감사가 싹 없어집니다.

Blaming and complaining are the viruses that lead to testing times and failures. Gratitude disappears when we blame and complain.

감사가 없어지면 받은 은혜를 다 쏟아버립니다. 감사가 없어지면 받은 축복을 다 빼앗겨 버립니다.

All the blessings we have already received go to waste when there is no thanksgiving. All the blessings will be taken away when there is no thanksgiving.

그러나 감사를 찾으면 잃었던 것도 찾습니다. 감사를 찾으면 안 되던 것도 되게 됩니다.

However, we find what we lost when we find gratitude in our life. Things that did not work before start working when we find gratitude in our life.

감사를 찾으면 하나님께서 도와주시고 은혜를 주시며 복을 주시는 줄로 믿습니다.

God helps and pours out his grace and blessings when we find gratitude.

원래 하박국 선지자는 원망과 불평이 많고 그저 비판 잘하는 사람이었습니다.
Habakkuk, the prophet, was a man who was good at blaming, complaining, and criticizing others.

이스라엘 나라에 공의가 땅에 떨어지고 부정과 부패 그리고 불의가 판을 치는 것을 보면서
He saw Israel fall from righteousness, plagued with corruption and injustice,

그는 이렇게 외쳤습니다. "하나님! 이 세상이 왜 이 모양입니까?" 자기 마음에 드는 것이 없었습니다.
and he said, "God! What is this mess?" There was nothing he liked about this world.

그러던 그가 " … 오직 의인은 믿음으로 말미암아 살리라 … (롬 1:17)"는 말씀 앞에 은혜를 받아 회개하고 새사람이 되었습니다.
But then by grace he repented and became a new person with these words, "But the righteous shall live by his faith."

그가 은혜를 받고 새사람이 되고 보니 그저 감사가 넘쳤습니다.

어느 날 하박국은 바빌로니아 사람들이 이스라엘을 쳐들어온다는 소식을 듣습니다.

There was an overflow of thanksgiving after becoming a new person by grace. One day Habakkuk heard that the Babylonians were coming to Israel.

그 당시 바빌로니아 군대는 독하고 다혈질적이고 사나웠으며 사자나 호랑이보다 빨랐다고 했습니다.

The Babylonian army was strong, barbaric, and fierce. They were swifter than a lion.

그때 하박국의 심정은 이랬습니다. "내가 들었으므로 내 창자가 흔들렸고 그 목소리로 말미암아 내 입술이 떨렸도다 … (합 3:16)."

This is how he described his state, "I hear, and my body trembles; my lips quiver at the sound."

그렇습니다. 하박국이 얼마나 두려웠던지 속이 뒤틀리고 뼈가 썩는 것 같은 아픔과 고통이 찾아왔습니다. 하지만 하박국은 더 이상 예전과 같지 않았습니다.

That's right. Habakkuk was so frightened that he experienced a tearing pain. But Habakkuk was different from before.

조금도 낙심하지 않고 좌절하지도 않았습니다. 그럼에도 불구하고 하나님을 생각하면서 믿음을 가지고 하나님께 감사를 드렸습니다.

He did not get discouraged or disheartened. He had faith in God and gave thanks to Him.

"비록 무화과나무가 무성하지 못하며 포도나무에 열매가 없으며 감람나무에 소출이 없으며 밭에 먹을 것이 없으며
"Though the fig tree should not blossom, nor fruit be on the vines, the produce of the olive fail and the fields yield no food,

우리에 양이 없으며 외양간에 소가 없을지라도 나는 여호와로 말미암아 즐거워하며 나의 구원의 하나님으로 말미암아 기뻐하리로다(합 3:17-18)."
the flock be cut off from the fold and there be no herd in the stalls, yet I will rejoice in the Lord; I will take joy in the God of my salvation."

현대판으로 이야기하면 집이 없을지라도, 자동차가 없을지라도, 직장이 없을지라도, 재산이 없을지라도, 돈이 없을지라도, 나의 소망이신 그 하나님을 인하여 감사한다고 믿음의 고백을 합니다.

In the modern translation, this confession of faith is saying, "Though I do not have a home, a car, a job, or wealth and riches, I give thanks because of my God who is my hope."

그렇습니다. 보통 우리들의 감사는 환경의 지배를 많이 받습니다. 환경에 따르는 감사가 많습니다.

That's right. Our gratitude is usually governed by our circumstances. Circumstances are the basis of our gratitude.

조건과 이유가 있어야 감사를 합니다. 그런데 하박국은 무조건적인 '그럼에도 불구하고'의 감사였습니다.

Conditions and reasons lead us to thanksgiving. However, Habakkuk's thanksgiving was unconditional, we are to always give thanks.

하나님을 향한 무조건적인 감사, 하나님을 향한 절대적인 감사, 그것이 하박국의 감사입니다. 하박국의 감사는 육신적이고 세상적인 감사가 아니었습니다.

Habakkuk gave thanks to God; his thanksgiving was unconditional and absolute. Habakkuk's thanksgiving was not physical or worldly.

이 세상에 감사의 근원을 둔 것이 아니라 살아계신 하나님, 우리의 소망이 되신 그 하나님을 인해서 감사를 드렸던 것입니다.

The source of his thanksgiving was the Living God, the God

of our hope, and not the world.

그 하나님 때문에 감사하고 기뻐하며 즐거워했던 것입니다. 그렇습니다. 이 세상만 바라보지 마시고 눈을 들어 하나님을 바라보시기 바랍니다.

He gave thanks and rejoiced because of his God. That's right. Do not look to this world, but lift up your eyes and see God.

나를 보면 비참해질 수밖에 없습니다. 이웃을 보면 원망할 수밖에 없습니다.

You will feel wretched when you look at yourself. You will blame others when you look at your neighbor.

어두운 현실을 바라보면 낙심할 수밖에 없습니다. 이 세상을 바라보면 근심하고 염려할 수밖에 없습니다.

You will be discouraged when you look at the dark reality you live in. You will worry and become anxious when you look at this world.

어떤 아줌마가 지하철에 탔는데 한 여학생 앞에 섰습니다. 그때 그 아이가 일어나지 않자 아줌마가 화가 났습니다.

Some lady decided to ride the subway and was forced to stand because there were no seats. She stood in front of a girl. The lady thought the girl should have given up her seat for her and she became angry.

"요즘 아이들은 버릇이 없어. 어른이 와도 일어나지 않는단 말이야." "그럼, 아줌마는 할머니세요?"
"These days kids are impolite. They don't even get up when an adult comes." The kid said, "Then, are you a grandma?"

"아니, 어른이 말하는데 어디 눈을 똥그랗게 뜨고 대드는 거야?" 그랬더니 아이가 이렇게 대답합니다. "그럼, 아줌마는 눈을 네모로 뜰 수 있어요?"
The lady said back, "Are you talking back to an adult now with your eyes wide open?" The kid responded, "Then, can you see with your eyes closed?"

그렇습니다. 눈을 들어 우리의 소망 되신 하나님, 살아계신 하나님을 바라볼 때 그 하나님을 인해서 감사할 수 있습니다.
That's right. We can be thankful when we lift up our eyes to see the Living God of our hope.

우리도 하박국처럼 아무것도 없을지라도 아니, 죽음이 엄습해 올지라도 감사할 수 있을 것입니다.
Though we may have nothing like Habakkuk or even if death

might overtake us, we will be able to give thanks.

욥이 그랬습니다. 몽땅 망했습니다. 그는 한때 거부로 부유했고 동방의 의인으로 칭찬을 받았으며 자녀 열 남매를 둔 행복한 가정을 꾸리고 있었습니다.
Job did that. Everything was ruined. He was once wealthy, was praised by foreign men, and had a happy family with ten children.

그런데 졸지에 다 없어지고 아내도 떠났으며 몸에는 심한 병이 들었습니다. 그야말로 총체적 고통과 고난과 환란이었습니다.
However, he lost everything all of a sudden, his wife left him and he was diseased. It was a total disaster with suffering and pain.

감사할 조건이 아무것도 없었습니다. 그럴 때 욥이 어떻게 했습니까? 원망하고 불평했습니까? 아닙니다.
There was nothing to be grateful for. How did Job respond then? Did he grumble and complain? No.

하나님을 바라보면서 믿음으로 감사하고 찬송했습니다. " … 주신 이도 여호와시요 거두신 이도 여호와시오니 여호와의 이름이 찬송을 받으실지니이다 … (욥 1:21)."

As he looked upon God, Job gave thanks and praised Him in faith. "The Lord gave, and the Lord has taken away; blessed be the name of the Lord."

그렇습니다. 누구나 이 세상에서 어떤 일이 잘될 때, 편안할 때, 돈 벌 때, 건강할 때, 행복할 때 감사할 수 있습니다.
That's right. Anyone can be grateful when they are happy, healthy, wealthy, comfortable, and things go well.

그런데 이럴 때도 감사하지 않으면 사람도 아닙니다. 그러나 고통과 환난 가운데서 감사를 찾는다는 것은 정말 어렵고 힘든 일입니다.
People who do not give thanks in those moments are not even human. Nonetheless, finding gratitude in times of tribulation and suffering is difficult.

고난 가운데, 아무것도 없는 가운데 감사를 찾는다는 것은 결코 쉽지 않습니다.
It is not easy to find gratitude when you have nothing and especially when you are in the midst of suffering.

그런데도 감사할 수 있다면 얼마나 귀한 일입니까! 그것이 우리가 살고 있는 미국을 위대하게 만든 청교도들의 신앙입니다.

How precious would it be if we could keep an attitude of gratitude nevertheless! This is how the faith of the Puritans made the United States great.

그런데 평안하고 잘 살 때 감사하지 않는다면 되겠어요? 여러분 중에 때로는 하박국처럼, 욥처럼 어려움을 겪고 계시는 분들이 있습니까?

But what would happen if we fail to give thanks when we are living well in peace? Is there anyone who is going through suffering like Habakkuk or Job?

그 어려움, 환난, 고통 가운데서도 감사를 찾으시기 바랍니다. 감사를 찾으면 그곳에 은혜와 축복이 있습니다.

Please find gratitude in the midst of that suffering, tribulation, and pain. There is grace and blessing when we find gratitude.

감사를 찾으면 구원의 역사가 끊임없이 일어납니다. 감사가 없으니 세상 살기가 힘들어요.

Work on salvation takes place continuously when we find gratitude. Without thanksgiving life is hard to live.

예루살렘에서 조금 떨어진 곳에 작은 '베다니'라고 하는 마을이 있었습니다. 그곳에서는 우리가 잘 아는 마르다, 마리아 그리고 나사로, 삼 남매가 살고 있었습니다.

Not too distant from Jerusalem, there was a little town called Bethany. Martha, Mary, and Lazarus, the three siblings whom we know well, lived there.

그리고 나병 환자인 시몬이 살고 있었습니다. 그 베다니에 예수님을 위한 잔치가 열리고 있었습니다. 마리아의 집은 아니고 나병 환자 시몬의 집이었습니다.

Simon, the leper, also lived there. They had prepared a feast for Jesus in Bethany. Not at Maria's house, but in Simon, the leper's house.

아마도 예수님께서 시몬의 나병을 고쳐 주신 후, 시몬이 예수님의 은혜에 감사하는 마음으로 자기 집에 모시고 파티를 열었던 것 같습니다.

Perhaps after Jesus had healed Simon's leprosy, Simon decided to prepare a feast out of a grateful heart for Jesus' grace.

그리고 그곳에는 마르다와 마리아 그리고 나사로가 있었습니다. 아마도 두 가정이 함께 예수님을 위해 수고했던 것 같습니다. 마르다는 요리를 잘했습니다.

And Martha, Mary, and Lazaraus were there. Perhaps the two

families had prepared together for Jesus. Martha was good at cooking.

그래서 마르다는 이 날도 '어떻게 하면 예수님께 맛있는 음식을 대접해 드릴까' 하는 생각 때문에 분주했습니다.
And so she was busy as she was caught up by her thinking of what she should prepare for Jesus.

그러나 마리아는 달랐습니다. 자기가 가지고 있는 것 중에 가장 소중한 것을 예수님께 바치고 싶었습니다. 마리아는 곰곰이 생각하다가 자기가 가장 아끼는 옥합을 가지고 왔습니다.
But Mary was different. She wanted to offer Jesus the most precious thing she owned. Mary thought about it for a while and brought her favorite alabaster flask.

그 옥합 속에는 대단히 값비싼 향유가 들어 있었습니다. 불순물이 조금도 섞여 있지 않은 순전한 '나드' 향유 한 근이었습니다.
The alabaster flask was filled with a very expensive ointment. It was a very precious and pure ointment of 'nard' that was not mixed with any impurities.

이 '나드'라는 향유는 이스라엘 나라에서 일반적으로 생산되는 감람유와는 질적으로 달랐습니다.

This ointment called 'nard' was different from regular olive oil that was commonly produced in the nation of Israel.

멀리 아라비아나 인도에서 나는 아주 귀한 향유였습니다. 그 값이 300데나리온에 해당한다고 했으니

It was a very precious ointment that came from far away places such as Arabia or India. It was worth 300 denarius.

그 당시 어른이 온종일 일해서 받은 임금이 한 데나리온이었는데 이는 어른이 일 년 일해서 몽땅 모아야 할 정도의 큰 액수였습니다.

At the time, one denarius was one day's wage for a common laborer. So this was a lot of money since a person had to work one year to earn this amount.

참으로 엄청나게 비싼 것인데 마리아는 예수님을 위해서 그 옥합을 미련 없이 깨뜨린 것입니다.

This was extremely expensive, but Mary took this and broke the alabaster flask without hesitation.

예수님의 머리에 부어드렸습니다. 얼마나 아름답고 대단한 일입니까? 향유 향이 온 집안에 가득했습니다.

And she poured it on Jesus' head. How beautiful and great is this? The smell of the ointment filled the entire house.

그런데 그때 가룟 유다가 원망과 불평을 했습니다. 가룟 유다는 마리아의 행위가 좀 지나치다고 보았습니다.
But it was then that Judas Iscariot grumbled and complained. Judas Iscariot thought that Mary's behavior was a little too much.

그는 '이 여자 정신 나갔네' 하며 비난했습니다. 차라리 그것을 팔아 가난한 사람을 도우면 좋을 거라고 생각했습니다. 그러나 예수님은 달랐습니다.
He judged her, 'This woman is out of her mind.' It should have been sold to help the poor. But Jesus was different.

예수님께서는 자기에게 잘해주는 행동을 보시지 않고 마리아의 지극한 정성을 보셨습니다.
He was not pleased at Judas because she did a nice thing for him, and he saw Mary's utmost devotion.

마리아 마음속의 중심을 예수님께서 보고 계신 것입니다. 그래서 "가만두어라" 하시면서 마리아를 크게 칭찬해 주셨습니다.
Jesus was looking at the heart of Mary. So he praised Mary by saying, "Leave her alone."

"내가 진실로 너희에게 이르노니 온 천하에 어디서든지 복음이 전파되는 곳에는 이 여자가 행한 일도 말하여 그를 기억하리라 하시니라(막 14:9)."

"Truly, I say to you, wherever this gospel is proclaimed in the whole world, what she has done will also be told in memory of her."

그렇습니다. 마리아의 아름다운 행위는 영원토록 기념될 것입니다. 오늘도 그의 아름다운 헌신의 향기는 우리에게 전해지면서 감동을 줍니다.

That's right. Mary's beautiful act will be celebrated for eternity. Even today, we are moved by the fragrance of her beautiful devotion.

그렇습니다. 감사의 계절에 우리도 베다니의 마리아처럼 예수님을 위해서라면

That's right. I hope that just like Mary of Bethany, we would have a grateful heart that is willing

나의 소중한 옥합을 드리겠다는 감사의 마음이 우리에게 있기를 바랍니다.

to offer up the most precious alabaster flask for Jesus in this season of thanksgiving.

왜냐하면 옥합을 깨뜨려 드린 그녀의 마음은 감사를 찾은 마음에서부터 시작되었습니다. 그렇습니다. 여러분도 하나님을 향한 조건 없는 감사를 다시 한번 찾을 수 있기를 바랍니다.

Breaking and offering of the alabaster flask began with her heart of gratitude. That's right. I hope you will regain unconditional gratitude towards God.

주님을 위해서라면 나의 소중한 옥합까지도 아낌없이 깨뜨려 버리겠다고 하는 거룩한 결심이 올해 추수감사절에는 있기를 바랍니다.

This Thanksgiving Day, I pray that there will be a holy decision to generously break my precious alabaster flask for the Lord.

원수 마귀는 가룟 유다처럼 우리를 향해서 비웃고 비방할지 모릅니다. 때로는 '그것이 낭비라고, 때로는 쓸데없는 짓이라고

Our enemy, the devil, may mock and slander us like Judas Iscariot. Saying at times that 'it is a waste, and it is useless.

네 꼴에 그렇게까지 할 필요가 있느냐고, 그것은 멍청한 짓'이라고 할 수도 있습니다. 초대교회의 아나니아와 삽비라가 머뭇거리다가 마음을 바꿨습니다.

Who are you to say such a thing? What you are doing is

pointless?' In the early church, Ananias and Sapphira were hesitant and changed their mind.

조금 드리고 조금 감추었다가 벌을 받고 말았습니다. 거룩하신 하나님과 절대로 흥정하지 마시고 대신 이렇게 기도하십시오. "주님, 감사하는 마음을 주소서."
They were punished for concealing a portion of their offering. Never bargain with the holy God. But instead, pray "Lord, give me a heart of gratitude."

주님을 위해서 내가 가지고 있는 그 어떤 옥합이라도 깨뜨려 버리면 주님의 칭찬과 새로운 축복이 있을 것입니다.
There will be a new blessing and favor from the Lord if we are willing to break any alabaster flask that we own for Him.

그렇습니다. 감사를 찾으면 내가 변합니다. 감사를 찾으면 환경이 변합니다.
That's right. You will change when you find gratitude. Your circumstances change when you rediscover gratitude.

감사를 찾으면 모든 것이 역전됩니다. 감사를 찾으면 성령의 역사가 일어납니다.
Your life will be reversed when you find gratitude. Finding

gratitude leads you to experience the work of the Holy Spirit.

어떤 집사님이 결혼해서 슬하에 5살, 3살 남매를 두고 행복하게 살며 교회도 잘 다녔습니다.
There was a deaconess who got married and had two children, a 5-year-old and a 3-year-old. She attended a church and was happy.

그런데 어느 날, 남편이 실직했습니다. 돈을 못 벌어오니 자연히 갈등만 생기고 싸움이 자주 일어났습니다.
But one day her husband lost his job. Not earning money naturally led to frequent conflicts and arguments.

네 식구가 사는 것이 너무 힘들었습니다. 그럴 때, 이 부인 집사님에게 이런 생각이 들었습니다.
It was hard to make a living for a family of four members. At that time, an absurd thought came to her.

'내가 과연 이 남자와 계속 살아야 하나? 이 남편과 함께 이 아이들을 잘 키울 수 있을까?' 그때 순간 소망이 없다는 생각이 들었습니다.
'Should I keep living with this man?' Would I be able to raise these children without him? At that moment, she thought there

was no hope.

차라리 헤어지는 것이 낫겠다고 생각을 하다 보니 낙심이 되어 마음과 몸이 아파서 드러누웠습니다.
She thought it would be better to end the relationship. As she thought about this she became discouraged and tired so she laid down.

남편은 물론이고 아이들에게 밥도 안 해주고 신경질만 부리면서 드러누워 있는데 잠이 들었습니다. 그런데 인기척이 나서
She did not provide food for either her husband or the children. Irritated, she fell asleep. She heard something and woke up.

가만히 눈을 떠보니 어린 두 남매가 수건을 물에 적셔 와서 엄마 머리 위에 얹어 놓고 5살짜리 오빠가 이렇게 기도를 합니다.
When she opened her eyes, her two children were there and placed a wet towel on her head. Then the 5-year-old boy began to pray.

"하나님! 우리 엄마가 아빠와 싸우고 이렇게 아파 누워 있습니다. 밥도 못 먹는데 엄마가 아프면 안 돼요. 예수님, 고쳐주세요. 예수님의 이름으로 기도합니다."

"God! My mom fought with dad and she is sick. She could not even eat. She can't be sick. Please heal her, Jesus. I pray in the name of Jesus."

그러더니 오빠가 동생의 손을 잡고 일어나면서 이렇게 말합니다. "예수님께서 고쳐 주실 거야."
Standing up as the older brother held the younger sibling's hand, he said, "Jesus will heal her."

그리고 일어나 밖으로 나가는데 그 아이들의 뒷모습을 보고 벌떡 일어나서 아이들을 부둥켜안고 엉엉 울었다고 합니다.
After she saw the children leaving the room, she went out immediately and hugged their children and she broke into tears.

'하나님, 용서해주세요. 하나님께서 이미 제게 많은 은혜와 축복을 주셨습니다. 이렇게 사랑스러운 자녀도 주시고요. 앞으로는 감사하면서 살겠습니다.
'God, forgive me. You have blessed me so much already. You have given me these lovely children. I will live with gratitude.

남편이 돈 못 벌어도 괜찮아요. 믿음으로 감사하면서 살겠어요.'
그 후에 돈을 많이 벌어 행복하게 잘 살았다고 합니다.

It doesn't matter whether my husband can earn money or not. I will live in gratitude by faith.' Thereafter, they earned a lot of money and lived happily.

그렇습니다. 감사를 찾으면 역사가 일어날 줄로 믿습니다. 감사를 찾으면 하나님의 응답이 있습니다.

That's right. Great work takes place when we find gratitude in our life. God responds when we find gratitude in our life.

감사를 찾으면 하나님께서 도와주십니다. 어떤 목사님이 목회를 하는데 너무 목회가 안 되는 것입니다.

God helps when we find gratitude in our life. There was a once a pastor who was having a hard time in ministry.

이민 목회가 어렵다고 하잖아요? 한 사람이 오면 두 사람이 떠납니다.

They say ministering to an immigrant church is hard, no? When one person comes, two people leave.

너무 힘들었는데 하나 있는 아들은 공부도 안 했습니다. 그래서 집에 들어가면 신경질이 나서 아이에게 매를 들었습니다.

He had one son, but the son did not study. He became frustrated when he got home so he began to beat up his son.

그러다가 어느 날, 기도를 하는데 주의 음성이 들렸습니다. "야, 너 감사해야지. 너 미국에 와서 얼마나 잘 지내고 있니? 식구들도 건강하지.

Then one day he heard the voice of the Lord as he was praying. "Hey, you. Give thanks. Aren't you living well in America? Your family is healthy.

그리고 너 목사로 얼마나 대접받고 살고 있니? 설교할 때 성도가 잘 들어주고 질문도 안 하고 말이야."

Aren't you treated well as a pastor? People listen to your sermon well and do not even ask questions."

그가 이것저것 생각해보니 감사한 게 많다는 것을 깨달았습니다. 그리고 공부는 좀 못하지만, 자식이 있다는 것에 감사했습니다. 그러고 보니 그 아들이 너무 불쌍한 것입니다.

Then he realized that he had many things to be grateful for. Though not good at studies, he had a son. He pitied his son.

그래서 어느 날 그 아들을 껴안고 엉엉 울었습니다. 얼마 후에 보니 아들이 공부를 열심히 하더랍니다.

So he hugged his son one day and broke into tears. Then after a while, his son began to study hard.

신기해서 아버지가 아들에게 물어봤답니다. "너 요즘 어떻게 그렇게 열심히 공부하게 된 거니?"
Astonished, the father asked his son. "Hey, what made you study so hard these days?"

그랬더니 아들이 이렇게 대답했습니다. "예, 아버지 믿고 살다가는 못 살 것 같아서 열심히 공부하기로 했습니다."
The son replied, "Well, I realized that I should not put my hopes in you so I decided to study hard."

그렇습니다. 아버지가 감사를 찾으면 아들이 변합니다. 남편이 감사를 찾으면 아내가 변합니다.
That's right. When the father finds gratitude in his life, his son changes. When the husband finds gratitude in his life, his wife changes.

아내가 감사를 찾으면 남편이 변합니다. 그래서 성경은 감사하는 사람을 땅에 비유해서 '옥토'라고 했습니다. 모든 곡식이 잘 자라는 것입니다.
When the wife finds gratitude in her life, her husband changes. So the Bible refers to people who give thanks as rich soil. All grains grow well there.

사랑도, 믿음도, 성령도 강하게 역사합니다. 그래서 시편 기자는 이렇게 말합니다. "내 영혼아 여호와를 송축하며 그의 모든 은택을 잊지 말지어다(시 103:2)."

Love, faith, and the Holy Spirit work powerfully. So the Psalmist said, "Bless the LORD, O my soul, and forget not all his benefits."

여러분, 하나님의 은혜를 잊지 말고 감사를 찾으시기 바랍니다.
I hope that you will not forget the grace of God and find gratitude in your life.

다윗 왕이 왜 잘됐을까요? 지금까지 인류 역사 가운데 최고의 부자는 다윗 왕입니다.
Why was King David so successful? King David was the wealthiest man in the history of mankind.

그는 모든 부귀영화를 누렸습니다. 어떻게 최고의 사랑과 존경을 받는 왕이 될 수 있었을까요?
He enjoyed both wealth and prosperity. How did he become the most respected king?

성경은 다윗이 하나님 앞에서 감사가 컸기 때문이라고 했습니다. 그는 하나님을 향한 감사가 너무나 커서 기쁨을 이기지 못했습니다.

The Bible says that it's because David showed great gratitude before God. His gratitude towards God was incomparable.

"여호와여 위대하심과 권능과 영광과 승리와 위엄이 다 주께 속하였사오니 천지에 있는 것이 다 주의 것이로소이다 …

"Yours, O Lord, is the greatness and the power and the glory and the victory and the majesty, for all that is in the heavens and in the earth is yours.

부와 귀가 주께로 말미암고 또 주는 만물의 주재가 되사 손에 권세와 능력이 있사오니 모든 사람을 크게 하심과 강하게 하심이 주의 손에 있나이다

Both riches and honor come from you, and you rule over all. In your hand are power and might, and in your hand it is to make great and to give strength to all.

우리 하나님이여 이제 우리가 주께 감사하오며 주의 영화로운 이름을 찬양하나이다 나와 내 백성이 무엇이기에 이처럼 즐거운 마음으로 드릴 힘이 있었나이까

And now we thank you, our God, and praise your glorious name. But who am I, and what is my people, that we should be able thus to offer willingly?

모든 것이 주께로 말미암았사오니 우리가 주의 손에서 받은 것으로 주께 드렸을 뿐이니이다(대상 29:11-16)."

For all things come from you, and of your own have we given you."

그렇습니다. 사람이 성령 충만했을 때 제일 먼저 찾아오는 것이 감사입니다.

That's right. When a person is filled with the Holy Spirit, the first thing that comes to that person is a heart of gratitude.

사람이 은혜를 받으면 제일 먼저 찾아오는 것이 감사인 것입니다. 사람이 말씀으로 변화 받으면 분명히 달라지는데 감사의 사람이 되는 것입니다.

The first fruit of receiving grace is gratitude. When transformation takes place in a person through the Word, that person is characterized by gratitude.

그렇습니다. 사람이 감사를 찾으면 왜 잘 될까요? 그 마음에 기쁨과 소망이 넘치게 됩니다. 그리고 삶에 활력이 생깁니다.

That's right. Why is it that a person who finds gratitude in his or her life prospers? Their heart is full of joy and hope. There is vitality in their life.

그래서 세상이 달리 보입니다. 모든 사람을 사랑으로, 은혜로, 축복으로 대합니다.

The world changes positively. Everyone treats everyone with love, grace, and respect.

사랑하는 성도 여러분! 추수감사절을 생각하며 감사를 많이 찾아 하나님을 기쁘시게 하고

Beloved believers! I pray in the name of the Lord that God would pour out His grace and blessings onto you

은혜와 복이 있으시기를 주님의 이름으로 축원합니다.

during this Thanksgiving season, and that you will find gratitude in your life daily.

BILINGUAL
GOSPEL SERMONS
IN REFORMED
THEOLOGICAL
FOUNDATIONS

베들레헴이 돼라
To be Bethlehem

미가 5장 2-4절

"베들레헴 에브라다야 너는 유다 족속 중에 작을지라도 이스라엘을 다스릴 자가 네게서 내게로 나올 것이라 그의 근본은 상고에, 영원에 있느니라 그러므로 여인이 해산하기까지 그들을 붙여 두시겠고 그 후에는 그의 형제 가운데에 남은 자가 이스라엘 자손에게로 돌아오리니 그가 여호와의 능력과 그의 하나님 여호와의 이름의 위엄을 의지하고 서서 목축하니 그들이 거주할 것이라 이제 그가 창대하여 땅끝까지 미치리라."

Micah 5:2-4

"But you, Bethlehem Ephrathah, though you are small among the clans of Judah, out of you will come for me one who will be ruler over Israel, whose origins are from of old, from ancient times." Therefore Israel will be abandoned until the time when she who is in labor gives birth and the rest of his brothers return to join the Israelites. He will stand and shepherd his flock in the strength of the LORD, in the majesty of the name of the LORD his God. And they will live securely, for then his greatness will reach to the ends of the earth.

●

예수 그리스도가 태어나신 성탄절은 모든 인류가 기뻐하고 즐거워하는 날입니다.
All mankind rejoices and delights on Christmas, the day on which Jesus Christ was born.

인간의 죄를 용서하시고 우리를 구원하시려고 하늘 보좌 내놓으시고 이 땅에 오신 그 예수님을 통하여 하나님의 사랑과
It is a glorious day of peace on which God's love and grace spreads throughout the world with Jesus Christ,

하나님의 은총이 온 세계에 퍼진 영광과 평화의 날입니다.
who left His heavenly throne to come to this earth in order to forgive our sins and to save us.

이스라엘 사람들은 베들레헴에 대해서 강한 자부심을 가지고 있고 자랑스럽게 여깁니다.
The Israelites take value and pride in Bethlehem.

베들레헴을 다윗성이라고 해서 거룩한 성지처럼 생각합니다. 왜냐하면 예수님께서 베들레헴에서 탄생하셨기 때문입니다.
They call Bethlehem the city of David and think of it as a holy and sacred place. This is because Jesus was born in Bethlehem.

그래서 역사를 따라 예수 그리스도를 믿는 그리스도인들이면 누구나 베들레헴을 특별하게 생각합니다.
Bethlehem is very special place to Christians who believe in Jesus Christ as history records show.

사람들은 이스라엘 성지순례를 할 때 꼭 베들레헴을 찾아갑니다. 저도 가 보았습니다.
When people go on a pilgrimage to the holy land of Israel, they make sure they go to Bethlehem. I have gone there as well.

여러분 중에도 가 보신 분이 많이 있을 것입니다. 예루살렘 남쪽 5마일 지점에 있는 베들레헴은 2천 5백 피트나 되는 높은 언덕 위에 있는,
Many of you have been there also. Bethlehem is located 5 miles south of Jerusalem.

마치 원형극장 모양으로 생겨서 한눈에 들어오는 아담한 도시입니다.

It is a small town on a high hill of 2,500 feet and it is shaped like an amphitheater.

그곳은 그 옛날에 예루살렘에 다니는 사람들,

In the old days, it was a small village in the countryside that sold food on the street to those

예배자, 순례자들을 위해 길가에서 먹을 것을 팔았던 시골의 작은 마을이었습니다.

who passed by, such as worshippers and pilgrims, who were heading to Jerusalem.

그렇습니다. 베들레헴이라는 동네는 어려운 사람들이 힘들게 살아가는 가난한 마을, 그저 그런 사람들이 살아가는 평범한 마을이었습니다.

That's right. Bethlehem was a poor village with people who lived difficult lives; it was just an ordinary village.

그런데 그 보잘것없는 평범하고 작은 마을, 베들레헴에서 장차 온 인류를 위한 구원자, 만왕의 왕,

But in that small and poor village, Bethlehem, Jesus was to be born, the King of Glory, the King of kings,

영광의 왕이 되실 예수님께서 탄생하신다는 것입니다. 이는 일찍이 미가 선지자를 통하여, 이사야를 통하여 기원전 7세기경에 이미 예언했습니다.

the Savior who would deliver all mankind in the future. This prophecy was already foretold by Micah and Isaiah in the 7th century BC.

"베들레헴 에브라다야 너는 유다 족속 중에 작을지라도
"But you, O Bethlehem Ephrathah, who are too little to be among the clans of Judah,

이스라엘을 다스릴 자가 네게서 내게로 나올 것이라 그의 근본은 상고에, 영원에 있느니라(미 5:2)."
from you shall come forth for me one who is to be ruler in Israel, whose coming forth is from of old, from ancient days."

"또 유대 땅 베들레헴아 너는 유대 고을 중에서 가장 작지 아니하도다
"And you, O Bethlehem, in the land of Judah, are by no means least among the rulers of Judah;

네게서 한 다스리는 자가 나와서 내 백성 이스라엘의 목자가 되리라 … (마 2:6)." 이 예언의 말씀대로 예수님께서는 베들레헴에 찾아오셨습니다.

for from you shall come a ruler who will shepherd my people Israel." Just as it was prophesied, Jesus came to Bethlehem.

그렇다면 그 예수님이 누구십니까? 성경은 말씀합니다. "그 예수 그리스도와 그의 나라는 영광이 무한하시고

Then who is Jesus? The Bible says. "Jesus Christ and His Kingdom are infinite in glory,

그의 권세와 그의 능력이 무한하시고 그의 사랑과 그의 거룩하심이 영원하다." 그렇습니다. 예수 그리스도에게만 구원이 있습니다.

His authority and His power are infinite, His love and His holiness are eternal." Yes! Only in Jesus Christ, there is salvation.

그 예수 그리스도 덕분에 우리는 모든 죄를 용서함 받고 하나님의 자녀가 되어 행복하게 살아가고 있습니다.

Because of Jesus Christ, we are forgiven of all sins and we can live happily by becoming children of God.

죄 때문에 원수 되었던 우리가 예수님께서 이 땅에 오심으로, 우리가 예수 생명으로 거듭나

Though we were once enemies due to sin, now we are born again into the life of Jesus and live a blessed life

은총의 삶을 살아가고 있습니다. 우리는 구원 받을 자격이 없는데, 우리는 사랑 받을 자격이 없는데, 우리는 은혜 받을 자격이 없는데,

because Jesus came to this earth. Although we do not deserve to be saved, we do not deserve to be loved, we do not deserve to receive grace,

하나님께서는 우리를 너무 사랑하셔서 이 땅에 오셨고, 오늘도 우리와 함께 영원히 임마누엘 하시는 줄로 믿습니다.

God came to this earth because He loved us so much, and He is with us today and will forever be with us as Immanuel.

천지 만물을 말씀으로 창조하신 하나님, 자기의 기쁘신 뜻대로 이 세상을 통치하시며 움직이시는 전지전능하신 하나님,

God, who created all things in heaven and earth by His word; God, who is omnipotent, who rules and governs this world according

인생의 생사화복, 흥망성쇠를 주장하시는 하나님께서 인간의 몸으로 오셔서
to his will and his pleasure; God, who controls life and death, the rise and fall of humans, becoming flesh, incarnated,

우리와 함께 임마누엘 하시는 줄로 믿습니다. 예수님께서 오신 성탄절이 다가오고 있습니다. 여러분은 그 예수님을 만날 준비가 되었습니까?
and is Immanuel with us. Christmas, the day on which Jesus came, is approaching. Are you ready to meet this Jesus?

2천 년 전 초림으로 예수님께서 오셨을 때 예수님을 만난 사람도 있었고 준비가 안 돼서 만나지 못한 사람도 있었습니다.
2000 years ago, at the first coming of Jesus, some met him while others could not because they were not ready.

예수님을 만나지 못한 것은 엄청난 비극이어서 후회해도 소용이 없었습니다. 헤롯왕이 그랬습니다.
It was a tremendous tragedy, many regretted not meeting him. This was true of king Herod.

서기관들이 그랬습니다. 반면에 이 땅에 예수님께서 오셨을 때 만난 사람들도 있었습니다. 그들은 축복받은 사람들이었습니다.

It was also true of the scribes. But there were some who met Jesus when he came to this earth. They were blessed people.

그렇습니다. 예수님께서 오실 때 "그때에 맹인의 눈이 밝을 것이며 못 듣는 사람의 귀가 열릴 것이며
That's right. When Jesus comes, "Then the eyes of the blind shall be opened, and the ears of the deaf unstopped;

그때에 저는 자는 사슴 같이 뛸 것이며 말 못하는 자의 혀는 노래하리니 이는 광야에서 물이 솟겠고
then shall the lame man leap like a deer, and the tongue of the mute sing for joy. For waters break forth in the wilderness,

사막에서 시내가 흐를 것임이라(사 35:5-6)." 여기 '그때'란 예수 그리스도가 오실 때, 예수 그리스도를 영접할 때를 말하는 것입니다.
and streams in the desert." 'Here' and 'Then' refer to the moment you receive Jesus Christ when Jesus Christ comes.

"주 예수를 믿으라 그리하면 너와 네 집이 구원을 받으리라(행 16:31)."
"Believe in the Lord Jesus, and you will be saved, you and your household."

"영접하는 자 곧 그 이름을 믿는 자들에게는 하나님의 자녀가 되는 권세를 주셨으니(요 1:12)."

"But to all who did receive him, who believed in his name, he gave the right to become children of God."

그렇습니다. 예수 그리스도, 그분에게만 생명이 있습니다. 그분에게 사랑이 있고, 위로가 있고, 용서가 있습니다. 예수 그리스도, 그분에게 치유가 있고, 능력이 있고, 풍요가 있고,

Yes. Only in Jesus Christ, there is life. In Jesus Christ, there is love, comfort, forgiveness, healing, power, abundance,

행복이 있으며 소망이 있습니다. 단순히 병자를 위로하시는 것이 아니라 병자를 고쳐주시는 것입니다. 없는 것을 있게 하시는 것입니다.

happiness and hope. He did not simply comfort the sick, but also healed the sick. He created something out of nothing.

약한 자를 강하게 해주십니다. 그러므로 누구든지 예수 그리스도를 영접하고 믿으면 예수님의 생명이 내 생명으로, 예수님의 능력이 내 능력으로, 예수님의 권세가 내 권세가 되는 것입니다.

He strengthens the weak. Thus, anyone who believes and receives Jesus Christ has access to His life, power, and authority.

성경에는 예수님을 만난 사건을 중요하게 다루고 있습니다. 수가성의 죄 많은 여인이 예수님을 만났을 때 새사람이 됐습니다.
In the Bible, encountering Jesus is considered important. The sinful woman of Sychar became a new person after encountering Jesus.

나인 성의 과부가 예수님을 만났을 때 죽은 아들을 살렸습니다.
The widow of Nain met Jesus and her dead son was raised.

38년 된 병자가 예수님을 만났을 때 고침을 받았습니다.
A man who had been an invalid for 38 years was healed when he encountered Jesus.

눈먼 소경이 예수님을 만났을 때 눈을 떴습니다.
The blind man saw when he encountered Jesus.

앉은뱅이, 중풍 병자가 예수님을 만났을 때 다 고침 받았습니다. 시몬이 베드로가 됐습니다.
The lame, the paralytic. They were all healed when they encountered Jesus. Simon became Peter.

사울이 바울 됐습니다. 야곱이 이스라엘 됐습니다. 예수님께서는 권세가 있으며 위대하신 분이십니다. 그분의 나라는 무궁하고 영원합니다.

Saul became Paul. Jacob became Israel. The power and greatness of Jesus Christ is manifest and His kingdom is infinite and eternal.

그렇습니다. 세상의 역사, 인간의 역사는 짧습니다. 그러나 예수님의 역사는 길고 영원합니다.

That's right. Human history is short. But the history of Jesus is long and eternal.

인간이 누리는 영광과 능력은 한계가 있습니다. 그것은 오래 가지 못합니다.

There is a limit to human glory and power. It does not last long either.

그러나 2천 년 전 이 땅에 오신 예수님께서 어제나 오늘이나 영원토록 동일하십니다.

But Jesus who came to this earth two thousand years ago is the same yesterday, today, and forever.

지금까지 그분의 나라는 흔들린 적이 없습니다. 오늘도 그 예수 그리스도와 그분의 나라를 위해 생명 바쳐

His kingdom has never been shaken before. Even today, there

are so many faithful people who offer up their lives for

충성하겠다는 사람이 얼마나 많은지 모릅니다. 예수 그리스도와 더불어 행복하게 살아가는 사람이 이 땅에 정말 많은 것입니다.
Jesus Christ and His kingdom. There are so many people on this earth who live happily with Jesus Christ.

오늘도 그 예수 그리스도 덕분에 기쁨으로 행복하게 살아가는 사람들이 바로 저와 여러분 아닙니까? 왜 그렇습니까? 예수 그리스도는 하나님이시기 때문입니다.
Aren't you and I those people who live with joy because of Jesus Christ even today? Why? It is because Jesus Christ is God.

세상을 창조하시고 다스리시는 전능하신 하나님이십니다. 그분에게는 부족함이 없습니다.
He is the Almighty God who created and governs the world. He does not lack anything.

모자라는 것이 없습니다. 처음부터 마지막 날까지 영원토록 왕이십니다. 그의 나라는 세상에 도전받지 않습니다.
There is no shortage. From beginning to end, He is king forever. His kingdom is not challenged by the world.

그분의 기쁘신 뜻대로, 원하시는 뜻대로 세상을 다스리시며 통치해 가십니다.
He rules and governs this world according to his will and his good pleasure.

인간의 생사화복, 흥망성쇠가 그분의 손에 있습니다. 그러므로 우리의 소망은 오직 예수 그리스도, 우리 주님이십니다.
Life and death, the rising and falling of mankind are on His hands. Therefore, our only hope is Jesus Christ, our Lord.

그렇습니다. 세상이 아무리 힘들고 어려워도 예수님께서 계시는 곳에는 언제나 좋은 것이 있습니다.
That's right. No matter how difficult life may be in this world, there is always good where Jesus is.

예수님께서 계시는 곳에는 언제나 기쁨과 웃음이 있습니다. 너무 좋아서 사람과 세상이 다르게 보입니다.
There is always joy and laughter where Jesus is. Because it's so good, your perspective on people and the world will be different.

예수님과 함께 살아갈 때 우리의 가는 길이 형통하고 염려, 근심, 걱정이 사라집니다.

We will prosper, and all worries and anxieties will disappear when we live with Jesus.

갈증과 배고픔이 없습니다. 기쁨과 평안과 영원한 안식이 있습니다.
There will be no thirst and hunger. There will be joy, peace, and eternal rest.

인간적으로 보면, 세상적으로 보면, 보잘것없는 무능한 사람이라고 할지라도 예수 그리스도를 만나기만 하면
From a human's perspective, you may think you are an incompetent and useless person, but if you just meet Jesus Christ,

만사형통, 인생의 승리자가 될 줄로 믿습니다. 그러면 그 예수님께서 이 땅에 도성인신하실 때 어디로 오셨다고 했습니까?
everything will be okay; you will become victorious in life. So, when Jesus was incarnated, where did he go?

그곳은 바로 유대 땅 베들레헴입니다. 예수님께서 그곳에 오심으로 베들레헴은 세상에서 가장 영광스러운 축복의 장소가 됐습니다.
It was to Bethlehem in Judea. As a result, Bethlehem became

the most glorious and blessed place in the world.

비록 그곳은 불쌍하고 가난하며 보잘것없는 그저 그런 사람들이 사는 곳이었지만,
Although the inhabitants of this town were poor and incompetent, this placed called Bethlehem

예수님께서 그곳에 오심으로 베들레헴이라는 곳은 지상에서 최고로 유명한 장소가 된 것입니다. 그렇다면 왜 예수님께서 지상에 많은 곳을 놔두고 베들레헴에 오셨을까요?
became the most famous place on earth because Jesus had come. Why then did Jesus come to Bethlehem and not any other place on earth?

만왕의 왕 되신 예수님이라면 당연히 천군 천사를 거느리시고 대접을 받으시면서 소위 레드 카펫을 밟으며 당당하게 오셔야 하지 않습니까?
If Jesus was the King of kings, shouldn't he have arrived with an army of angels and have walked stately on a so-called red carpet?

그런데 예수님께서는 우리를 너무 사랑하셔서 구원하시기 위하여 불쌍하고 가난한 사람들이 모여 사는 베들레헴에 오신 것입

니다.

No, Jesus loved us so much that he came to Bethlehem, where the poor and needy lived, in order to save us.

우리의 모습이 너무 추하고, 너무 더럽고, 우리에게 소망이 없기 때문에 바로 그런 사람들이 모여 사는 이름 없는 두메산골인 베들레헴에 오신 것입니다.

This is because the way man lives is so ugly, dirty, and hopeless, Jesus came to this nameless town where such people lived together.

그렇다면 우리도 베들레헴이 되어야 합니다. 우리가 베들레헴이 될 때 예수 그리스도로 인해 우리는 달라질 수 있습니다.

So then, we must also become Bethlehem. When we become Bethlehem, we can be changed through Jesus Christ.

베들레헴이 될 때 예수 그리스도 탄생의 은혜와 축복이 있는 것입니다.

When we become Bethlehem, we will obtain the grace and blessings from the birth of Jesus Christ.

그렇습니다. "하나님! 나는 약하고 부족합니다. 나는 보잘것없는 베들레헴입니다. 주님! 나를 불쌍히 여겨 주옵소서. 나를 긍휼히 여기시고 나를 도와주옵소서.

That's right. "God! I am weak and poor. I am worthless like Bethlehem. Lord! Have pity on me. Be merciful to me and help me.

나는 죄인입니다." 그런 베들레헴과 같은 심령이 될 때 예수님께서 찾아오시는 것입니다. 그렇습니다. 인간은 누구나 자기 힘으로 인간의 문제를 해결할 수 없습니다.

I am a sinner." Jesus comes when we have the same spirit as Bethlehem. Yes. Humans cannot solve their own problems.

자고 일어나면 수많은 사고가 끊임없이 일어납니다. 아무리 사랑을 외쳐도

When you wake up, many events happen constantly. No matter how much you cry for love,

여전히 소외되고 버림받는 사람들이 있습니다. 아무리 믿음으로 살아야지 해도 시험 거리는 항상 있습니다.

there are still some people who are left out and abandoned. No matter how much you want to live by faith, temptations will always be present.

아무리 의학이 발달해도 여전히 못 고치는 질병이 많이 있습니다.

No matter how much medicine has progressed, there will still be many incurable diseases.

수많은 고통과 저주와 죽음과 죄악들이 끊임없이 인간 주위를 맴돌고 있습니다.
Countless sufferings, curses, deaths, and sins constantly surround human beings.

어떤 의사 선생님이 말했습니다. 환자를 보면 참 이상한 게 많다고 합니다.
A doctor once said there are lots of strange things when he sees patients.

아주 힘들고 어려운 대수술을 받고도 사는 사람이 있는가 하면, 손가락 하나만 다치고도 죽는 사람이 있다는 것입니다.
Some survive after a major difficult surgery, while others die from a simple finger surgery.

세기의 영웅, 나폴레옹이 원숭이에게 손가락을 물려 죽었지요.
Napoleon was considered the hero of the century; yet, his finger was bitten by a monkey and he died.

그렇다면 생명이 손가락에 있습니까? 우리가 사는 이 세상에는 이해하기 힘든 것이 너무 많이 있습니다.
Then, is life in our fingers? There are too many things in this world that are incomprehensible.

본래 저 사람은 저런 사람이 아닌데, 악한 영과 거짓의 영이 들어가서 사람을 다르게 만들어버리기도 합니다.
An evil and false spirit entered an innocent person and made that person into another person.

그렇습니다. 예수님께서 계신 곳에는 기쁨과 평안이 있습니다.
That's right. Where Jesus is, there is joy and peace.

사랑과 소망이 있습니다. 말씀의 순종과 은혜의 풍성과 성령의 기름부음이 있습니다.
There is love and hope. There is obedience to the Word, an abundance of grace, and the anointing of the Holy Spirit.

그래서 사도 요한은 그 예수님을 만나서 "거룩하다, 거룩하다, 그 예수 그리스도를 만나는 것은 인생 최고의 영광이요, 축복"이라고 했습니다.
So the apostle John says this when he meets Jesus, "Holy, holy, encountering Jesus Christ is the most glorious blessing in life."

이 세상 어떤 사람이든 예수님을 만나기만 하면 그분의 신비한 능력으로 영광과 축복을 누릴 줄로 믿습니다.
Anyone in this world can enjoy the glory and blessing through his mysterious power if he or she meets Jesus.

일찍이 바울도 예수님을 믿는 사람들을 핍박하고 잡아 죽이는 사람이었습니다.
Earlier, Paul was a person who persecuted people who believed in Jesus.

그러던 그가 다메섹 도상에서 예수님을 만났을 때 그는 완전히 달라졌습니다.
Then he was completely changed when he encountered Jesus on the road to Damascus.

옛사람이 변하여 새사람이 된 것입니다. 그리고 그는 이렇게 고백합니다. "내게 능력 주시는 자 안에서 내가 모든 것을 할 수 있느니라(빌 4:13)."
He had become a new person. There he confessed, "I can do all things through him who strengthens me."

그렇습니다. 예수 그리스도께서 발걸음만 멈추셔도, 예수 그리스도의 옷깃만 스쳐 가도 기적의 역사는 끊임없이 일어납니다.

That's right. Miracles happen, even when Jesus stops and one simply touches His garment.

그렇습니다. 우리가 진정으로 예수님의 탄생을 원한다면 우리가 어떻게 해야 합니까?
That's right. What should we do if we genuinely long for Jesus?

베들레헴이 되어야 합니다. 어떻게 베들레헴이 됩니까? 하나님 앞에서 가난해져야 합니다.
We must become Bethlehem. How do we become Bethlehem? We must become humble before God.

작아져야 합니다. 낮아지고 낮아져야 합니다. 불쌍해져야 합니다. 긍휼히 여김을 받아야 합니다.
We need to become smaller. We need to lower ourselves. We need to be pitiful. We must receive God's mercy.

죄인으로 겸손해져야 합니다. 그런데 지금 저와 여러분의 모습이 너무 높아져 있지는 않습니까?
We need to humble ourselves as sinners. Do we not often think too highly of ourselves?

"주님, 저는 추하고 더러운 존재입니다. 잘나지도 못했는데 잘난 척하고 교만했습니다.
"Lord, I am an ugly and filthy being. There is nothing good in me, but I pretended to be good and I was prideful.

용서해주옵소서. 저는 부족합니다. 저는 연약합니다. 저는 어립니다. 저는 작습니다. 아주 보잘것없는 베들레헴입니다.
Forgive me. I am inadequate. I am weak. I am young. I am small. I am worthless Bethlehem.

예수님 찾아와 주옵소서." 그렇게 기도하시기 바랍니다. 혹시라도 '나는 신앙생활 잘하는데 너는 왜 그렇게 못하냐,
Jesus, please come to me." Please pray like this. 'I have strong faith, why don't you?

나는 이렇게 잘 되는데 너는 왜 그 모양이냐, 나는 성공 할 수 있었는데 어떻게 아무개는 실패했을까, 우리 애들은 공부를 잘하는데
I am doing well, but how come you are not? I was able to succeed, why did that person fail? My children are studious,

어떻게 저 집 애들은 공부를 못할까, 우리 애들은 결혼도 잘하는데 어떻게 저 집 애들은 결혼을 못 할까,

but why are their children so unstudious? My children are getting married, but how come their children are struggling?

우리는 장사 잘 되는데, 왜 저 집은 안 될까, 우리 교회는 은혜로 운데 왜 저 교회는 싸울까?'
My business is going well, but how come they are doing so badly? My church is great, but why is that church fighting?'

그렇게 생각하면 안 됩니다. 그런 것이 우리의 자랑이 되면 안 됩니다. "이 모든 것은 주님의 은혜"이니 우리의 자랑은 오직 예수님뿐입니다.
We shouldn't think like this. We should not boast about these things. "Everything is by the grace of the Lord." We should only be boastful about Jesus.

따라서 언제나 옆에 계시는 분이 나보다 더 훌륭하고 낫다고 생각해야 합니다. "당신은 나보다 낫습니다."
Therefore, you should always consider others better than yourselves. "You are better than I."

우주인 이소연 씨가 달나라에 가는데 1,000억 정도 들었다고 합니다.
So-yeon Yi, an astronaut, spent 90 million dollars to go to the

Moon.

식사 한 끼에 400불이 든 것입니다. 그런데 그녀가 우주 밖에서 우주를 보니 너무 아름답더라는 것입니다.
One meal cost $400. But when she saw the universe from outer space, it was so beautiful.

'왜 저렇게 아름다운 곳에서 사람들이 싸울까, 왜 사이좋게 지내지 못 할까'라는 생각이 들었다고 합니다.
She thought, 'Why do they fight so much, why can't they live in peace in such a beautiful place?'

그러다가 문득 돌아가면 자기를 받아줄까 하는 생각이 들었다고 합니다.
As she was coming back, she suddenly thought if such a place would accept her.

그렇습니다. 예수님을 믿으면서도 우리 마음속에 이 세상의 것 때문에 갈등하고 시기, 질투, 미움과 증오가 있으면 그것은 정말 부끄러운 것입니다.
That's right. It is a shameful thing to believe in Jesus and yet be troubled due to worldly things and have hatred, jealousy, and envy in our hearts.

만일 우리가 교회를 수십 년 다니고 성탄절을 수십 년 보냈는데 아직도 세상적으로 평가를 하고

If we have attended church and have celebrated Christmas for decades, and yet still have worldly eyes

형제의 잘못밖에 볼 수 없다면 우리 스스로 신자라고 할 수 있을까요?

and can only see the sins of others, how can we call ourselves believers?

그런 사람이 어떻게 하나님의 사랑과 은혜를 입은 자라고 말할 수 있겠습니까?

How can we say that such people have received God's love and grace?

그렇습니다. 나는 작은 베들레헴입니다. 우리는 지금보다 더 낮아지고 더 작아져야 합니다. 우리는 보잘것없는 베들레헴입니다. 그래야 예수님께서 찾아오십니다.

That's right. I am a little Bethlehem. We must humble ourselves more and more. We are worthless Bethlehem. Then, Jesus will come.

일찍이 예수님께서는 낮고 천한 말구유에 오셔서, 버려지고 소

외되고 아프고 고통당하는, 죄 아래 있는 인간들을 찾아 주시고 만나 주시고 사랑해 주셨습니다.

Early on, Jesus came to the lowly manger and sought, met, and loved the sinful people who were abandoned, marginalized, sick, and suffering.

우리를 그냥 부르신 것이 아니고 제자로 삼으시고 희생하시며 엄청난 대가를 지불하시며 오늘의 우리가 있게 해 주셨습니다.

He did not simply call us, but also made us His disciples. He paid the great price by sacrificing himself so that we would be here today.

단순히 우리를 불쌍히 여기셔서 구제해 주신 것이 아닙니다. 그냥 긍휼히 여겨 주신 것만이 아닙니다. 그냥 불쌍하다고 하신 것만도 아닙니다.

He did not simply have compassion on us and save us. He did not simply have mercy on us. He did not just have pity on us.

지금도 우리와 함께 임마누엘로 계시는 사랑이 있었습니다. 우리를 너무 사랑하셔서 이 땅에 오실 수밖에 없었다는 것입니다.

He is love that lives as Immanuel with us even now. He had to come to this earth because He loved us so much.

어떤 일이 있어도 우리를 버리지 않으십니다. 어떤 일이 있어도 모른 척하지 않으십니다.

No matter what, He will never abandon us. He will never pretend that He does not know us.

아무리 어려워도 우리를 끝까지 책임져 주시며 우리가 이 세상을 이기고 승리하게 해주실 줄로 믿습니다.

No matter how difficult it may be, He will take care of us until the end and make us victorious.

그렇습니다. 우리는 베들레헴이 되어야 합니다. 우리는 베들레헴의 축복을 누리기 위해서 낮아져야 합니다.

That's right. We must become Bethlehem. We must lower ourselves in order to enjoy the blessings of Bethlehem.

겸손해져야 합니다. 순수해야 합니다. 부드러워져야 합니다. 온유해야 합니다. 심령이 가난해야 합니다.

We must be humble. We must be pure. We must be softened. We must be gentle. We must be poor in spirit.

교만하지 말아야 합니다. 잘난 척하지 말아야 합니다.

We ought not to be prideful. We ought not to be conceited.

자본주의의 극을 달리는 미국에서 우리가 살다 보면
As we live in the United States, where capitalism is at the peak in this world, we get hurt easily

극단의 개인주의, 상업주의, 이기주의가 만연한 환경에 살다 보니 우리가 알지 못하는 사이에 마음에 갈등과 상처가 많아지고 왜 그렇게 따지고 욕심이 많아지는지요.
and become so greedy without knowing because we are surrounded by individualism, commercialism, and egoism.

자기주장이 강해집니다. 자기를 앞세우는 세상에 살고 있습니다. 자기 말이 옳고 자기가 잘났다고 주장하는 세상에서 자기 권리는 악착같이 찾고,
People become more assertive. It is a world that you need to put yourself out there. A world that says my word is right, and that people never give up

남에게 지기 싫어하고, 손해 보기 싫어하고, 따지고 계산하는 것을 좋아하게 됩니다.
their rights and it is unacceptable to have a loss; they love arguing and being calculative.

자기가 옳다고 생각하는 것은 이민교회의 특색이기도 합니다.

"내 말만 들어주세요. 나만 보세요. 나만 사랑해 주세요."
So a trait of an immigrant church is that everyone thinks they are right. "Just listen to me. Just look at me. Love me only."

과연 예수님을 믿는 우리가 그렇게 사는 것이 맞습니까? 좀 지면서 살면 안 될까요?
Is it right for people like us who believe in Jesus to live this way? So what if we have some loss?

좀 바보 취급받으면 안 됩니까? 손해 보면 어떻고, 남에게 오해받고 무시당하면 어떻습니까?
So what if we are considered stupid? Who cares if others look down on me, misunderstand me, or even hurt me?

일등이 아니고 꼴찌면 어떻습니까? 어차피 우리는 우리의 힘으로 세상을 사는 것이 아닌데 말입니다.
Who cares if I am not first, but last? We do not live in this world according to our own power anyway..

철저히 바보가 돼서 예수님만 나타나면 되잖아요. 어떤 사람은 준 것도 없이 밉다고 합니다.
We can be fools as long as we have and share Jesus. Some people hate others when they haven't given anything.

그런데 그것은 상대방에게 문제가 있는 것이 아니고 그렇게 생각하는 그 사람이 나쁜 것입니다. 심지어 교회 안에서도 '저 사람은 별 볼 일 없는 사람인데,
The problem is not others, but the person who thinks that way. Even at church, some think, this person has nothing special,

교회에서 대접받는다고 장로, 권사, 집사도 주고 일 잘한다고 칭찬까지 한다'고 생각합니다.
but he/she is treated well in the church. They appointed this person as elder, or deacon and praised him/her for their work.

그렇게 생각하니 항상 속이 부글부글 끓습니다. 편하지 않습니다. 인상만 쓰고 모든 것이 불만입니다.
Thinking about this makes your heart furious. It is disturbing. You frown and complain about everything.

그런데 여러분, 하나님께서는 사람이 못나도 못난 것을 절대로 못난 대로 갚지 않으십니다. 한국 여성의 45%가 더 예뻐지고 싶어서 수술을 원한다고 합니다.
But believers, God never repays evil for evil. 45% of Korean women want to get surgery because they want to be prettier.

저는 수술을 반대하는 사람은 아닙니다. 수술 받고 자신감을 느

끼고 당당하면 좋지요. 그런데 여러분의 모습, 여러분의 얼굴 그 정도면 충분히 예쁘지 않습니까?

I do not oppose surgery. If you can be more confident, it's good. But isn't your appearance and face beautiful as it is?

혹시 여러분의 얼굴이 예쁘게 보이지 않는다면 여러분의 수준이 낮은 것입니다.

If you think your face is not pretty, then just lower your standards.

저는 피카소가 그린 그림을 아무리 봐도 애들이 장난삼아 잉크 뿌려놓은 것 같습니다. 미술을 볼 줄 모르니까 그런 것입니다.

No matter how much I approach and try to understand Picasso's paintings, I cannot help but think that a kid drew it. Because I don't know art,

그렇다면 여러분도 제 미술 수준에 의심이 가지 않습니까? 그렇게 볼 때 얼굴이 이상하게 생긴 사람일수록 수준이 높은 사람입니다.

would you doubt my standard? According to this standard, a person with a strange face is a person who has high standards.

우리가 모를 뿐이지. 정말이지 어떤 사람을 보면 박물관 같이 생긴 얼굴이 있습니다.

But we just don't know. Some people really have a museum-like face.

전혀 조화롭지 않은 것입니다. 그런데 수준을 높여서 보면 그 얼굴이 진짜 아름다운 얼굴입니다.

There is no harmony at all. But when you have high standards, that face is really beautiful.

우리가 모를 뿐입니다. 흔히 사람들을 잘 났다, 못났다, 예쁘다, 못생겼다고 표현합니다. 왜 그렇습니까?

We just do not know. People often say that person is good-looking, pretty, or ugly. Why is that?

사람들은 측면에서만 보기 때문입니다. 그러나 하나님께서는 위에서 내려다보시기에 다 똑같아 보입니다.

It's because they only see them from the side. But since God looks down from the top, everyone appears the same.

하나의 동그라미입니다. 그러므로 잘났다고 교만하지도 말고, 못났다고 기죽지도 말고,

Everyone's heads appear as circles. Therefore, don't take pride if you are good-looking and don't be sad if you are not;

그냥 주님만 바라보고 믿음 생활을 잘하시기 바랍니다. 지금 여러분에게 무엇이 있든 없든, 잘났든 못났든, 키가 크든 작든, 돈이 있든 없든,

rather, just look to God and live out your faith. What good is it that you have something extra, that you are good-looking or not,

그게 무슨 소용이 있습니까? 예수님께서 우리에게 오시는 것이 중요합니다.

that you are tall or short, that you have money or not? All we need is for Jesus to come.

세상적으로 뒤떨어진 촌스러운 베들레헴이면 어떻습니까? 예수님만 오시면 되지 않습니까?

Who cares if it is outdated in a worldly sense? This is Bethlehem. Don't we simply need Jesus to come?

누가 베들레헴이라고 무시합니까? 예수님께서 계시는데 말입니다. 우리 심령, 우리 가정, 우리 교회에 예수님께서 계시면 그게 진짜입니다.

Who doubts Bethlehem? Jesus is there. It is real if Jesus is in our spirit, family, and church.

'아니, 나 같은 사람이 어떻게 예수님을 믿게 됐지? 우리 가정이 어떻게 예수님을 믿고 행복하지?

'How could someone like me believe in Jesus? How can my household believe in Jesus and become happy?

아니, 우리 교회가 어떻게 해서 이런 은혜롭고 좋은 교회가 됐을까?' 그런 마음이 베들레헴의 마음입니다.

How did my church become such a gracious and good church?' This is the heart of Bethlehem.

그렇습니다. 지금도 예수님께서는 베들레헴 같은 사람, 베들레헴 같은 가정, 베들레헴 같은 교회를 찾아오실 것입니다.

That's right. Even now, Jesus will come to a person like Bethlehem, a family like Bethlehem, a church like Bethlehem.

그러므로 저와 여러분은 베들레헴이 돼야 합니다. 베들레헴이 되기만 하면 예수님께서 분명히 찾아오십니다.

So you and I must become Bethlehem. If we become Bethlehem, Jesus will surely come to us.

예수님께서 찾아오시면 우리에게 사랑과 은혜를 베풀어주십니다. 필요에 따라 채워주시고 높여 주실 것입니다.

Jesus will pour out his love and grace when he comes. He will fill what we lack and raise us up.

그분이 여러분의 고민을 해결해주시며 기쁘고 행복하게 해주실 것입니다.
He will solve your problems, and make you happy and joyful.

여러분이 상상하지도 못했던 놀라운 복을 베풀어주실 것입니다.
He will give you amazing blessings that you have never imagined before.

사랑하는 성도 여러분, 성탄절을 앞두고 여러분의 심령,
Beloved believers, as Christmas is approaching, I pray in the name of the Lord that Jesus will come to you as your spirit,

가정, 직장, 사업, 그리고 우리 교회가 베들레헴이 되어서 예수님께서 찾아오실 수 있기를 주님의 이름으로 축원합니다.
family, work, and church become Bethlehem.

Bilingual
Gospel Sermons
in Reformed
Theological
Foundations

사명선언문

너희가 흠이 없고 순전하여……세상에서 그들 가운데 빛들로
나타내며 생명의 말씀을 밝혀 _ 빌 2:15-16

1. 생명을 담겠습니다
만드는 책에 주님 주신 생명을 담겠습니다.
그 책으로 복음을 선포하겠습니다.

2. 말씀을 밝히겠습니다
생명의 근본은 말씀입니다.
말씀을 밝혀 성도와 교회의 성장을 돕겠습니다.

3. 빛이 되겠습니다
시대와 영혼의 어두움을 밝혀 주님 앞으로 이끄는
빛이 되는 책을 만들겠습니다.

4. 순전히 행하겠습니다
책을 만들고 전하는 일과 경영하는 일에 부끄러움이 없는
정직함으로 행하겠습니다.

5. 끝까지 전파하겠습니다
모든 사람에게, 땅 끝까지, 주님 오시는 그날까지
복음을 전하는 사명을 다하겠습니다.

서점 안내

광화문점 서울시 종로구 새문안로 69 구세군회관 1층
02)737-2288 / 02)737-4623(F)

강남점 서울시 서초구 신반포로 177 반포쇼핑타운 3동 2층
02)595-1211 / 02)595-3549(F)

구로점 서울시 동작구 시흥대로 602, 3층 302호
02)858-8744 / 02)838-0653(F)

노원점 서울시 노원구 동일로 1366 삼봉빌딩 지하 1층
02)938-7979 / 02)3391-6169(F)

분당점 경기도 성남시 분당구 황새울로 315 대현빌딩 3층
031)707-5566 / 031)707-4999(F)

일산점 경기도 고양시 일산서구 중앙로 1391 레이크타운 지하 1층
031)916-8787 / 031)916-8788(F)

의정부점 경기도 의정부시 청사로47번길 12 성산타워 3층
031)845-0600 / 031)852-6930(F)

인터넷서점 www.lifebook.co.kr